vocabulaire allemand contemporain
2

VUIBERT / PRÉPA

Classes Préparatoires, Grandes Écoles, Universités

Marion WINTER-BAUCHER
Professeur certifié, chargée d'interrogations
en Classes Préparatoires

Louis BAUCHER
Professeur certifié

Roland CHARPIOT
Professeur agrégé en Classes Préparatoires
au lycée Malherbe de Caen

vocabulaire allemand contemporain
2

VUIBERT

ISBN : 2-7117 - 2368-2

La loi du 11 mars 1957 n'autorisant aux termes des alinéas 2 et 3 de l'article 41, d'une part, que les «copies ou reproductions strictement réservées à l'usage privé du copiste et non destinées à une utilisation collective» et, d'autre part, que les analyses et les courtes citations dans un but d'exemple et d'illustration, «toute représentation ou reproduction intégrale, ou partielle, faite sans le consentement de l'auteur ou de ses ayants droit ou ayants cause, est illicite» (alinéa 1er de l'article 40).
Cette représentation ou reproduction, par quelque procédé que ce soit, constituerait donc une contrefaçon sanctionnée par les articles 425 et suivants du Code pénal.

© Librairie Vuibert, mai 1989.
63, bd St-Germain
75005 Paris

Avant-propos

Le présent ouvrage répond à un double besoin, maintes fois exprimé au niveau de l'université et des classes préparatoires aux grandes écoles :

— chez nos étudiants, celui de pouvoir disposer d'un vocabulaire permettant de lire plus aisément des articles de presse et de pouvoir traiter des problèmes du monde actuel dans une langue adéquate ;

— chez leurs professeurs, celui d'alléger le cours du poids d'un lexicalisme exagéré à l'aide d'un manuel adapté à l'étude du monde d'aujourd'hui.

À ce double besoin répondait une double exigence, puisqu'il convenait par conséquent :

— d'actualiser résolument le vocabulaire présenté en s'efforçant de situer chaque chapitre — sans pour autant négliger le vocabulaire dit « de base » — dans le contexte de l'évolution du monde moderne, ce quel que soit le domaine abordé ;

— d'authentifier le plus possible l'acquis lexical en privilégiant la structure qui, seule, permet d'accéder rapidement à une formulation à la fois cohérente et idiomatique.

C'est à cette double exigence que les auteurs ont tenté de répondre en rédigeant cet ouvrage, dont certains utilisateurs s'étonneront peut-être d'y voir l'allemand précéder systématiquement le français. Cette présentation relève d'un choix délibéré : ne voulant pas présenter un recueil de phrases de thème, les auteurs ont voulu permettre à de jeunes germanistes francophones d'accéder de plain-pied à la langue écrite et parlée par les médias d'outre-Rhin, à laquelle il convenait, dès lors, d'accorder la primauté.

Qu'il soit permis aux auteurs de dire en conclusion le plaisir qu'ils ont eu à mener à bien cette tâche en parfaite amitié et collaboration, la gratitude qu'ils éprouvent vis-à-vis de leurs élèves des classes préparatoires, dont le sérieux et la qualité du travail ont constitué pour eux le plus précieux des encouragements.

Les Auteurs

Sommaire

page		
12	**1. Die Arbeitswelt**	**1. Le monde du travail**
12	Betrieb und Konkurrenz	Entreprise et concurrence
16	Die innerbetriebliche Organisation	L'organisation du travail
20	Der Arbeitsmarkt	Le marché du travail
24	Soziale Rechte und Konflikte	Droits et conflits sociaux
28	**2. Industrie und Technik**	**2. Industries et techniques**
28	Die Energie	L'énergie
30	Die Fischerei	La pêche
32	Die Rohstoffe	Les matières premières
36	Die Industriezweige	Les industries
40	Die Umweltverschmutzung	La pollution de l'environnement
44	Forschung und neue Technologien	Recherche et technologies nouvelles
48	**3. Die Landwirtschaft**	**3. L'agriculture**
48	Strukturen und Probleme	Structures et problèmes
52	Die Tierproduktion	Productions animales
56	Die Pflanzenproduktion	Productions végétales
60	**4. Stadt und Dienstleistungen**	**4. La ville et les services**
60	Der Städtebau	L'urbanisme
64	Die Stadt	La ville
68	Die Stadtverwaltung	L'administration municipale
70	Kommunale Dienstleistungen	Les services municipaux
72	Post und Fernmeldewesen	Poste et télécommunications
76	Hotel- und Gaststättengewerbe	Hôtellerie et restauration

* Vous trouverez la table des matières du tome I en fin de ce volume.

page		
80	**5. Der Handel**	**5. Le commerce**
80	Die Handelsbeziehungen	Les relations commerciales
84	Marketing und Werbung	Marketing et publicité
88	Die Geschäfte	Les magasins
92	Die Einkäufe	Les achats
96	Geld und Bankwesen	L'argent et la banque
100	Die Zahlen	Les nombres
104	Maße und Gewichte	Poids et mesures
108	**6. Politik und Wirtschaft**	**6. Politique et économie**
108	Der Staat	L'État
112	Das demokratische Leben	La vie démocratique
116	Die Wahlen	Les élections
120	Regierung, Haushalt und Gesetze	Gouvernement, budget et lois
124	Die Wirtschaft	L'économie
128	Die Sozialpolitik	La politique sociale
132	Extremismus und Terrorismus	Extrémisme et terrorisme
136	Deutsche Politik	Politique allemande
140	Internationale Politik	Politique internationale
144	**7. Wege zum Frieden**	**7. Les chemins de la paix**
144	Der Wehrdienst	Le service militaire
148	Die Waffen	Les armes
152	Armee und Bündnisse	L'Armée et les alliances
156	Die Konflikte	Les conflits
162	Der Frieden	La paix
166	**8. Die Gesellschaft**	**8. La société**
166	Die sozialen Gruppen	Les groupes sociaux
170	Minderheiten und Randgruppen	Minorités et marginaux
174	Demonstrationen und öffentliche Ordnung	Manifestations et ordre public
178	Verbrechen und Straftaten	Crimes et délits
182	Die Kriminalpolizei	La police judiciaire
186	Die Justiz	La justice
190	Die Strafen	Les peines

page		
194	**9. Die Medien**	**9. Les médias**
194	Die Information	L'information
198	Das Zeitungswesen	La presse écrite
200	Der Rundfunk	La radio
202	Das Fernsehen	La télévision
206	Das Verlagswesen	L'édition
208	**10. Die Gedankenwelt**	**10. La pensée**
208	Der Geist	L'esprit
212	Wahrheit und Unwahrheit	Le vrai et le faux
216	(Un)gewißheiten	(In)certitudes
220	Die Meinung	L'opinion
224	Die Diskussion	La discussion
228	Zustimmung und Ablehnung	Accord et refus
232	**11. Kunst und Literatur**	**11. Arts et lettres**
232	Die Künste	Les arts
234	Das Theater	Le théâtre
238	Der Film	Le cinéma
242	Die Musik	La musique
246	Konzert, Oper, Ballett	Concert, opéra, ballet
250	Die Malerei	La peinture
254	Skulptur und Architektur	Sculpture et architecture
258	Die Literatur	La littérature
262	Lesen und Interpretieren	Lecture et interprétation
266	**12. Die Geschichte**	**12. L'Histoire**
266	Von den Anfängen bis zum Feudalismus	Des origines au féodalisme
270	Kirche und Staat	Église et État
274	Blütezeit und Niedergang der Staaten	Apogée et décadence des États
278	Deutschland von 1870 bis 1945	L'Allemagne de 1870 à 1945
282	Deutschland nach 1945	L'Allemagne après 1945
287	**Inhaltsverzeichis (Band I)**	**Table des matières (tome I)**

Signes et abréviations

(+++ p.)

Grâce aux renvois de bas de page, il vous est possible de trouver rapidement, sans consulter le sommaire, le vocabulaire complémentaire qui pourra vous être utile dans d'autres chapitres ou pages. Pour le tome II, les références de pages et de chapitres sont en gras.

Abréviations

(N) = nominatif   **(A)** = accusatif   **(D)** = datif   **(G)** = génitif

(Les cas n'ont pas été indiqués après les prépositions les plus courantes ou lorsque les terminaisons des déterminants étaient explicites.)

jn = jemanden   **jm** = jemandem   etw. = etwas

qn. = quelqu'un   [v. faible] = verbe faible

qch. = quelque chose   [sg.] = singulier   [pl.] = pluriel

[arch.] = terme archaïque, vieilli   [fam.] = familier   [péj.] = péjoratif

[adj. subst.] = adjectif substantivé   [part. subst.] = participe substantivé

[adv.] = adverbe   [pr. angl.] = prononciation anglaise

Verbes

Les particules séparables sont indiquées par une barre oblique.
Exemple : **auf/machen.**

Les verbes précédés d'une (*) se conjuguent avec l'auxiliaire « **sein** ».
Exemple : ***landen**

Les ***verbes forts*** sont suivis de la voyelle du prétérit et du participe passé.
Exemple : **trinken (a, u)**

Lorsqu'une troisième voyelle est indiquée, elle correspond aux 2e et 3e personnes du présent de l'indicatif.
Exemple : **tragen (u, a, ä)**

Les temps primitifs de *sein (war, gewesen, er ist) et de *werden (wurde, geworden, er wird) n'ont pas été indiqués. Ceux des autres verbes forts ne l'ont pas été systématiquement dans les expressions, notamment lorsqu'ils étaient déjà indiqués dans la partie vocabulaire.

Les **verbes faibles** se reconnaissent au fait qu'il ne sont suivis d'aucune indication.

Les indications etw. (A), etw. (D), etw. (G), jn., jm. indiquent la nature *(chose, personne)* des compléments accompagnant habituellement le verbe. Ces éléments sont souvent des composants nécessaires à la formulation d'une phrase correcte.

Exemples : **jm. etw. (A) schenken, jm. gratulieren, etw. (A) befürworten, jn. beraten, sich (A) etw. (G) schämen**

Le cas des pronoms réfléchis est indiqué entre parenthèses.

Exemples : **sich (A) waschen, sich (D) etw. (A) an/sehen.**

Noms

Ils sont généralement suivis de leur pluriel.

Exemples : **der Fahrer (-), die Dose (n), das Schwimmbad ("er)**

L'absence d'indication de pluriel indique que celui-ci est rare ou inusité.

Certains mots s'emploient au singulier en allemand et au pluriel en français, ou inversement.

Exemple : **das Obst** [pl.] = les fruits [sg.]

Un nom suivi de [adj. subst.] ou [part. subst.] se décline comme un adjectif épithète.

Un nom suivi de (en, en) ou (n, n) est un masculin faible.

Exemple : **der Planet (en, en)**

Accentuation

Dans la partie vocabulaire, les voyelles ou diphtongues des **syllabes accentuées** sont soulignées avec les signes « . » *(voyelle brève)* et « _ » *(voyelle longue ou diphtongue)*. Seuls les accents de mot ont été indiqués. Aucun accent de groupe ou de phrase ne figure dans cet ouvrage. Cette indication figure également sur les mots monosyllabiques.

Exemples : **der Stahl, der Polarstern, die Raumfahrt
der Stall, der Kosmos**

1. Die Arbeitswelt

Betrieb und Konkurrenz

der Betrieb (e), das Unternehmen (-)	l'entreprise
das Privatunternehmen (-)	l'entreprise privée
jn. enteignen	déposséder qn.
etw. (A) verstaatlichen	nationaliser qch.
etw. (A) privatisieren	privatiser qch.
das Familienunternehmen (-)	l'entreprise familiale
die Firma (Firmen)	la firme, l'entreprise
der Konzern (e)	le groupe (industriel), le trust
die Muttergesellschaft (en)	la société mère
die Tochtergesellschaft (en), die Filiale (n)	la filiale
der Zweigbetrieb (e)	la succursale
der Zulieferbetrieb (e)	l'entreprise de sous-traitance
die Aktiengesellschaft (AG)	la société anonyme (SA)
die Fabrik (en), das Werk (e)	l'usine
etw. (A) entwickeln	développer qch.
die Maschine (n)	la machine
die Produktion	la production
das Produktionsverfahren (-)	le procédé de fabrication
die Industriespionage	l'espionnage industriel
etw. (A) her/stellen, erzeugen	fabriquer qch.
die Herstellung, die Fertigung	la fabrication
das Erzeugnis (se), das Produkt (e)	le produit
das Halbfabrikat (e)	le produit semi-fini
das Fertigprodukt (e)	le produit fini
zuverlässig	fiable

1. Le monde du travail

Entreprise et concurrence

die Zuverlässigkeit	la fiabilité
die (Arbeits)produktivität	la productivité
etw. (A) steigern, erhöhen	augmenter qch.
der Wettbewerb, die Konkurrenz	la concurrence
wettbewerbs-, konkurrenzfähig	concurrentiel
die Neuerung (en)	l'innovation
lebensnotwendig	vital
einfallsreich	imaginatif
das Wachstum	la croissance
die Wachstumsrate (n)	le taux de croissance
der Gewinn (e), der Profit (e)	le bénéfice, le profit
die Vermarktung	la commercialisation
etw. (A) vermarkten	commercialiser qch.
der Vertrieb, der Verkauf	la distribution, la vente
die Vertriebsabteilung (en)	le département ventes
der Vertriebs-, Verkaufsleiter (-)	le directeur des ventes
etw. (A) ab/setzen	vendre, écouler qch.
der Absatz	la vente (l'écoulement des produits)
etw. (A) liefern	livrer qch.
jn. (mit etw.) beliefern	livrer qn. (livrer qch. à qn.)
die Lieferung (en)	la livraison
die Gewerbesteuer (n)	la taxe professionnelle
die Sozialabgaben	les charges sociales
die Wirtschaftskrise (n)	la crise économique
der Unternehmensberater (-)	le consultant
jn. beraten (ie, a, ä)	conseiller qn.

ein Unternehmen auf/bauen, gründen, auf/kaufen, um/strukturieren
die Gesellschaft mit beschränkter Haftung, die GmbH (s)
sich (A) selbständig machen
der multinationale Konzern, der Multi (s)
einen Teil der Produktion in Billiglohnländer verlagern
auf regelmäßige Lieferungen der Zulieferer angewiesen sein
die Arbeitsproduktivität steigern
Neuerungen ein/führen, innovieren
sich (A) auf neue Bedürfnisse ein/stellen
über eine gute technische Ausrüstung verfügen
veraltete Methoden, Techniken an/wenden (wandte ... an, angewandt)
auf dem Weltmarkt konkurrenzfähig *bleiben
Gewinne erzielen
Die Produktion hat sich im letzten Quartal um 10 Prozent gesteigert.
hart miteinander konkurrieren
Sie liegen im erbarmungslosen Konkurrenzkampf miteinander.
Mit solchen Preisen können wir nicht konkurrieren.
Unsere internationale Wettbewerbsfähigkeit muß erhöht werden.
ein neues Erzeugnis auf den Markt bringen (brachte, gebracht)
neue Absatzmärkte erschließen (o, o)
Dieses Produkt wird nur vom Fachhandel vertrieben.
den Vertrieb Verkaufsexperten (D) überlassen (ie, a, ä)
Die Firma hat Konkurs angemeldet.
Bankrott, Pleite [fam.] machen
Der Betrieb ist stillgelegt worden.
die Industrie- und Handelskammer
die Klein- und Mittelbetriebe
In der DDR wurden viele Fabrikbesitzer enteignet.

+++ chap. **2** (industries), chap. **5** (le commerce), p. **84** (marketing et publicité), p. **96** (l'argent et la banque), p. **124** (économie)

monter, fonder, racheter, restructurer une entreprise
la société à responsabilité limitée (la SARL)
s'établir à son compte
la multinationale
transférer une partie de la production dans des pays à bas salaires
être tributaire de livraisons régulières de la part des sous-traitants
augmenter la productivité
innover
s'adapter à de nouveaux besoins
disposer d'un bon équipement technique
utiliser des méthodes, des techniques dépassées
rester concurrentiel sur le marché mondial
réaliser des bénéfices
Au dernier trimestre, la production a augmenté de dix pour cent.
se concurrencer sévèrement
Ils se livrent une concurrence impitoyable.
Nous ne pouvons pas rivaliser avec de tels prix.
Il faut augmenter notre compétitivité sur le plan international.
lancer (mettre) un nouveau produit sur le marché
ouvrir de nouveaux débouchés (marchés)
Ce produit est distribué exclusivement par le commerce spécialisé.
confier la commercialisation à des spécialistes du marketing
La société a déposé son bilan.
faire faillite
L'entreprise a été fermée.
la Chambre de Commerce et d'Industrie
les petites et moyennes entreprises
En RDA, de nombreux propriétaires d'usine furent dépossédés.

Die innerbetriebliche Organisation

der Arbeitgeber (-)	l'employeur
der Arbeitgeberverband (¨e)	la confédération patronale
der Arbeitnehmer (-)	le salarié
der Mitarbeiter (-)	le collaborateur
der Vorstand (¨e)	le comité directeur
der Vorstandsvorsitzende [part. subst.], der Generaldirektor (en)	le président-directeur général (P-DG)
der Betriebsleiter (-)	le chef d'entreprise
der Chef (s)	le patron
der Personalchef	le chef du personnel
die Belegschaft, das Personal, die Beschäftigten [pl.]	le personnel
der Angestellte [part. subst.]	l'employé
der leitende Angestellte	le cadre
der Vorgesetzte [part. subst.]	le supérieur
der Manager (-) [pr. angl.]	le manager
der Abteilungsleiter (-)	le chef de service
die Abteilung (en)	le service
der Meister (-)	le contremaître, le chef d'équipe
jn. befördern	promouvoir qn.
die Beförderung (en)	la promotion
die Sekretärin (nen)	la secrétaire
der Sekretär (en)	le secrétaire
die Fremdsprachenkorrespondentin	la secrétaire bilingue, trilingue
die Stenotypistin (nen)	la sténodactylo
die Kurzschrift	la sténographie

einem Betrieb vor/stehen, an der Spitze eines Betriebes stehen (a, a)
Für unser Unternehmen wird eine technische Führungskraft gesucht.
Dem Abteilungsleiter unterstehen (a, a) zwanzig Beschäftigte.
Wofür sind Sie zuständig, verantwortlich?
in der Fabrik, in einem Büro arbeiten
Dieser Betrieb arbeitet in drei Schichten.

L'organisation du travail

das Stenogramm (e)	le sténogramme
der (Haupt)buchhalter (-)	le (chef) comptable
die Buchhaltung	la comptabilité
der Arbeiter (-)	l'ouvrier
der Facharbeiter (-)	l'ouvrier qualifié, professionnel
der angelernte Arbeiter (-)	l'ouvrier spécialisé (l'OS)
der ungelernte Arbeiter (-), der Hilfsarbeiter (-)	le manœuvre
der Gastarbeiter (-)	le travailleur immigré
der ausländische Arbeitnehmer (-)	le travailleur étranger
der Lehrling (e), der Auszubildende [part. subst.]	l'apprenti
der Beruf (e)	le métier, la profession
die Arbeit [sg.]	le travail
arbeiten	travailler
jn. ein/arbeiten	instruire, initier qn. (à un travail)
die Schichtarbeit	le travail posté, les trois-huits
die Früh-, Nachtschicht (en)	l'équipe du matin, de nuit
der Schichtwechsel (-)	la relève, le changement d'équipe
das Fließband (¨er)	la chaîne
die Fließ(band)arbeit	le travail à la chaîne
die Stechuhr (en)	la pointeuse
der Saisonarbeiter (-) [pr. franç.]	le travailleur saisonnier
der Arbeitsunfall (¨e)	l'accident du travail
die Berufskrankheit (en)	la maladie du travail
die Abwesenheitsquote (n)	l'absentéisme

être à la tête d'une entreprise
Nous recherchons un cadre technique pour notre entreprise.
Le chef de service a vingt employés sous ses ordres.
De quoi êtes-vous responsable ?
travailler en usine, dans un bureau
Dans cette entreprise, on travaille par équipes (on fait les trois-huits).

die gleitende Arbeitszeit [sg.]
die Verteilung der Arbeitsstunden selbst bestimmen
die Anwesenheit mittels (G) Stechuhren überwachen
an einer Maschine arbeiten, eine Maschine bedienen
am Fließband arbeiten
an einem Plan arbeiten
eine anstrengende, ermüdende, einträgliche (lohnende) Arbeit aus/üben
nach Leistung, nach Stückzahl bezahlt werden
die Belegschaft durch Rationalisierungsmaßnahmen verringern
Wir *kommen um eine Umstrukturierung unseres Betriebes nicht herum.
sich (A) hoch/arbeiten
der innerbetriebliche Aufstieg
befördert werden
Er ist zum Verkaufsdirektor befördert worden.
Sie ist in eine leitende Stellung aufgerückt.
Schreibmaschine schreiben (ie, ie)
einen Brief tippen
die Bücher führen
Wann hast du heute Feierabend?
Ich habe halb fünf Dienstschluß.
Ich habe diese Woche Nachtschicht.

+++ p. 196 (la formation professionnelle), p. 204 (la formation continue)

les horaires flexibles
décider soi-même de la répartition des heures de travail
contrôler la présence à l'aide de pointeuses
travailler sur une machine, servir une machine
travailler à la chaîne
travailler à un projet
exercer un travail pénible, fatigant, rémunérateur
être payé au rendement (à la tâche), à la pièce
réduire le personnel par des mesures de rationalisation
Nous n'échapperons pas à une restructuration de notre entreprise.
gravir les échelons de la hiérarchie
la promotion interne
obtenir une promotion, de l'avancement
Il a été promu directeur des ventes.
Elle a accédé à un poste de responsabilité.
taper à la machine
taper une lettre
tenir les comptes, la comptabilité
Quand est-ce que tu termines aujourd'hui?
Je quitte à quatre heures et demie.
Cette semaine, je suis (d'équipe) de nuit.

Der Arbeitsmarkt

der Arbeitsmarkt	le marché du travail
das Arbeitsamt (¨er)	l'agence pour l'emploi
das Stellenangebot (e)	l'offre d'emploi
jm. etw. (A) an/bieten (o, o)	offrir qch. à qn.
das Stellengesuch (e)	la demande d'emploi
die Bewerbung (en)	la candidature
die (Arbeits)stelle (n)	l'emploi
etw. (A) suchen	chercher qch.
etw. (A) finden (a, u)	trouver qch.
jn. ein/stellen	embaucher qn, engager qn.
jn. versetzen	muter qn.
die Versetzung (en)	la mutation
jn. zwangsversetzen	muter qn. d'office
jn. hinaus/werfen (a, o, i)	mettre qn. dehors
jn. entlassen (ie, a, ä)	licencier qn.
die Entlassung (en)	le licenciement
der Kündigungsbrief (e), das Entlassungsschreiben (-)	la lettre de licenciement
jm. kündigen	donner congé à qn.
kündigen	donner sa démission

Die Lage auf dem Arbeitsmarkt hat sich (A) verschlechtert.
Arbeitsplätze schaffen (u, a), ab/schaffen [v. faible] (vernichten)
Immer mehr Arbeitskräfte werden eingespart.
Im ersten Halbjahr dieses Jahres wird die Arbeitslosenzahl *an/steigen (ie, ie).
Sie wird voraussichtlich *sinken (a, u), *zurück/gehen (i, a).
in einem festen Arbeitsverhältnis stehen (a, a)
der befristete Arbeitsvertrag
Bei Behinderten ist die Arbeitslosenquote überdurchschnittlich hoch.
einer Versetzung (D) zu/stimmen
In manchen Bereichen herrscht Arbeitskräftemangel.
sich (A) um eine offene Stelle bewerben (a, o, i)
Auf eine ausgeschriebene Stelle kommen zwanzig Bewerber.

Le marché du travail

die Kündigung (en)	la démission, le licenciement
arbeitslos *sein	être au chômage
der Arbeitslose [adj. subst.]	le chômeur
die Arbeitslosenquote	le taux de chômage
die Arbeitslosigkeit	le chômage
die Jugendarbeitslosigkeit	le chômage des jeunes
der Arbeitsuchende [part. subst.]	le demandeur d'emploi
stempeln gehen, stempeln	pointer (au chômage)
stechen (a, o, i)	pointer (au travail)
beschäftigt *sein	avoir du travail
die Vollbeschäftigung	le plein-emploi
die Unterbeschäftigung	le sous-emploi
die Teilzeitbeschäftigung	le travail à temps partiel
die Halbtagsarbeit	le travail à mi-temps
die Kurzarbeit	le chômage partiel
die Schwarzarbeit	le travail au noir
die Aushilfskraft ("e), die Aushilfe (n)	le (la) remplaçant(e)
die Leiharbeit	le travail temporaire, intérimaire
der Leiharbeiter (-)	l'intérimaire [ouvrier]
jm. eine Stelle vermitteln	procurer un emploi à qn.

La situation du marché du travail s'est dégradée.
créer, supprimer des emplois
De plus en plus d'emplois sont supprimés.
Le nombre de chômeurs augmentera au premier semestre de cette année.
Selon les prévisions, il va diminuer.
avoir un emploi stable
le contrat de travail temporaire
Le taux de chômage est supérieur à la moyenne chez les handicapés.
accepter une mutation
Dans certaines branches, on manque de personnel.
postuler à un emploi vacant
Il y a vingt candidats par emploi proposé.

ein Bewerbungsschreiben an eine Firma senden (sandte, gesandt)
jm. einen handgeschriebenen Lebenslauf schicken
eine Zusage, eine Absage bekommen (a, o), erhalten (ie, a, ä)
zu einem Vorstellungsgespräch vorgeladen werden
zur Probe (probeweise) eingestellt werden
eine Arbeitsstelle an/nehmen (a, o, i), ab/lehnen
jn. fristlos entlassen (ie, a, ä)
sich (A) arbeitslos melden
seine Kündigung ein/reichen
die Kündigungsfrist ein/halten (ie, a, ä)
halbtags arbeiten
eine Halbtagsstelle besetzen
jn. zur Aushilfe ein/stellen
in einem Betrieb aus/helfen (a, o, i)
Arbeitsuchende ohne Berufsausbildung haben geringere Berufschancen.

+++ p. **24** (droits et conflits sociaux), p. **128** (la politique sociale)

envoyer sa candidature à une entreprise
envoyer un curriculum vitae manuscrit à qn.
recevoir une réponse positive, négative
être convoqué à un entretien avant embauche
être engagé à l'essai
accepter, refuser un emploi
licencier qn. sans préavis
s'inscrire au chômage
donner sa démission
respecter le délai de préavis (délai-congé)
travailler à mi-temps
occuper un poste à mi-temps
engager qn. comme remplaçant
faire un remplacement dans une entreprise
Les demandeurs d'emploi sans formation ont de moins bonnes perspectives professionnelles.

Soziale Rechte und Konflikte

die Gewerkschaft (en)	le syndicat
der Gewerkschafter (-)	le syndicaliste
das Mitglied (er)	le membre
der Betriebsrat, der Aufsichtsrat (¨e)	le comité d'établissement, d'entreprise
der Betriebsrat (¨e)	le membre du comité d'entreprise
die paritätische Mitbestimmung	la cogestion paritaire
mit/bestimmen	cogérer
die Tarifverhandlung (en), die Tarifrunde (n)	la négociation salariale
die Tarifpartner, die Sozialpartner [pl.]	les partenaires sociaux
der Tarifvertrag (¨e)	la convention collective, l'accord salarial
die Rahmenvereinbarung (en)	l'accord-cadre
das Einkommen (-)	le revenu
der Lohn (¨e)	le salaire
der Brutto-, Nettolohn (¨e)	le salaire brut, net
der Mindestlohn (¨e)	le salaire minimum (SMIC)
das Gehalt (¨er)	le traitement
das Schlechtwettergeld (er)	l'indemnité d'intempéries
die Risikoprämie (n)	la prime de risques
das Weihnachtsgeld	la prime de fin d'année
die Lohn-, Gehaltserhöhung (en)	l'augmentation de salaire
die Forderung (en)	la revendication
etw. (A) fordern	revendiquer qch.
etw. (A) verlangen	exiger qch.
etw. (A) kürzen	baisser, diminuer qch. [salaires]
etw. (A) erhöhen	augmenter qch.
die Arbeitszeit	le temps de travail
etw. (A) verkürzen	diminuer, raccourcir qch.
die Überstunde (n)	l'heure supplémentaire

Droits et conflits sociaux

die Schlichtung	la médiation
der Schlichter (-)	le médiateur
einen Konflikt (e) schlichten	arbitrer un conflit
der Konsens, der Konsensus	le consensus
die konzertierte Aktion (en)	l'action concertée
der Streik (s), der Ausstand [sg.]	la grève
der Warnstreik (s)	la grève d'avertissement
der Bummelstreik (s)	la grève du zèle
die Arbeitsniederlegung (en)	le débrayage, l'arrêt de travail
streiken	faire grève
der Streikposten (-)	le piquet de grève
der Streikbrecher (-)	le briseur de grève
der Streikende [part. subst.]	le gréviste
die Urabstimmung (en)	le vote (décidant d'une grève)
jn. aus/sperren	lock-outer qn.
die Aussperrung (en)	le lock-out
der Lohnausfall (¨e)	la perte de salaire
die Demonstration (en)	la manifestation
demonstrieren	manifester
das Berufsverbot (e)	*l'interdiction professionnelle*
die Sozialleistung (en)	la prestation sociale
der Urlaub	le congé
versichert *sein	être assuré
die Versicherung (en)	l'assurance
die Arbeitslosenversicherung	l'assurance-chômage
die Sozialversicherung	l'assurance sociale
die Rentenversicherung	l'assurance-retraite
der Rentner (-)	le retraité
der Pensionär (e)	le retraité (de la fonction publique)
die Rente (n), die Pension (en)	la retraite, la pension

in den Betriebsrat gewählt werden
der Deutsche Gewerkschaftsbund (DGB)
die IG Metall (= Industriegewerkschaft Metall)
in eine Gewerkschaft *ein/treten (a, e, i), gewerkschaftlich organisiert *sein
die Interessen der Werktätigen vertreten (a, e, i)
dem Aufsichtsrat an/gehören
neue Tarifverträge ab/schließen (o, o)
einen Konsens an/streben
Über (A) die Höhe des Urlaubsgeldes besteht (a, a) kein Konsens.
einen gemeinsamen Nenner finden (a, u)
die Verkürzung der Arbeitszeit, die Arbeitszeitverkürzung
Die Wochenarbeitszeit wurde um eine Stunde verkürzt.
die 35-Stunden-Woche
Lohnforderungen stellen
eine Lohnerhöhung gewähren, verweigern
die Verringerung des Lebensstandards
über (A) bessere Arbeitsbedingungen verhandeln
Die Verhandlungen haben sich festgefahren.
jm. ein Mitspracherecht bei der Arbeitszeitgestaltung ein/räumen
einen Streik aus/rufen (ie, u)
für, gegen den Streik stimmen
in den Ausstand, in den Streik *treten (a, e, i)
die Arbeit nieder/legen, wiederauf/nehmen (a, o ,i)
Unser Betrieb wird bestreikt, befindet (a, u) sich im Ausstand.
über die Fortsetzung des Ausstands ab/stimmen
Das Streikrecht erstreckt sich nicht auf die Beamten.
bezahlten, unbezahlten Urlaub nehmen (a, o, i)
Krankengeld, Rente beziehen (o, o)
Anspruch auf Arbeitslosengeld erheben (o, o)
keinen Anspruch auf Unterstützung haben
(vorzeitig) in den Ruhestand, in Rente gehen
in Pension gehen, sich pensionieren lassen
die Rückkehrhilfe für ausländische Arbeitnehmer
die Arbeitsbeschaffungsmaßnahmen [abr. : ABM]

+++ p. 122 (les âges de la vie), p. **96** (politique sociale), p. **112** (la vie démocratique), p. **174** (manifestations), p. **228** (accord et refus)

être élu au comité d'entreprise
la Confédération des syndicats allemands
le syndicat de la métallurgie
adhérer à un syndicat, être syndiqué
défendre les intérêts des travailleurs
être membre, faire partie du conseil d'administration
conclure de nouveaux accords salariaux
rechercher un consensus
Il y a désaccord sur le montant de la prime de vacances.
trouver un dénominateur commun
la diminution du temps de travail
Le temps de travail hebdomadaire a été réduit d'une heure.
la semaine de 35 heures
avoir des revendications salariales
accorder, refuser une augmentation de salaire
la baisse du niveau de vie
négocier de meilleures conditions de travail
Les négociations se sont enlisées, sont bloquées, sont dans une impasse.
accorder à qn. le droit à la concertation sur l'organisation du temps de travail
lancer un ordre de grève
voter la grève, voter contre la grève
se mettre en grève
cesser, reprendre le travail
Notre entreprise est en grève.
procéder à un vote sur la poursuite de la grève
Le droit de grève ne s'applique pas aux fonctionnaires.
prendre un congé payé, sans solde
percevoir une allocation de maladie, une retraite
revendiquer, faire valoir ses droits à l'allocation chômage
ne pas avoir droit aux allocations
prendre sa retraite (anticipée)
prendre sa retraite [fonctionnaires]
l'aide au retour pour les travailleurs étrangers
les mesures de création d'emplois

2. Industrie und Technik

Die Energie

die Energie (n)	l'énergie
erneuerbar	renouvelable
etw. (A) erzeugen	produire qch.
etw. (A) verbrauchen	consommer qch.
der (elektrische) Strom	le courant (électrique)
die Elektrizität	l'électricité
das Kraftwerk, Elektrizitätswerk (e)	la centrale électrique
etw. (A) in Betrieb nehmen (a, o, i)	mettre qch. en service
die Inbetriebnahme	la mise en service
die Leistung [sg.]	la puissance
das Megawatt (-)	le mégawatt
die Energiequelle (n)	la source d'énergie
die Kern-, Atomenergie	l'énergie nucléaire, le nucléaire
das Kern-, Atomkraftwerk (e)	la centrale nucléaire
der Kernkraftgegner (-)	l'antinucléaire

einen Energieplan aus/arbeiten
Der Energieverbrauch ist zurückgegangen.
eine ausreichende Energieversorgung gewährleisten
Der Ölpreiserhöhung (D) folgten Sparmaßnahmen.
die Abhängigkeit der westlichen Länder vom Rohöl
den Ölbedarf, den Bedarf an Öl decken
die Hälfte des Strombedarfs aus der Kernenergie decken
Energie sparen
Energiesparen schont die Rohstoffvorräte.
Für die Erzeugung sanfter Energie wird wenig Geld aufgewendet.
der Befürworter (-) der Atomenergie
Der Bau des Kernkraftwerkes wurde infolge (G) eines Volksentscheids gestoppt.
für den Ausstieg aus der Kernenergie *ein/treten (a, e, i)
Dieses Kernkraftwerk wurde kürzlich in Betrieb genommen.
Der Bau von Schnellen Brütern ist sehr umstritten.
Die Frage der Entsorgung radioaktiver Abfälle bleibt ungeklärt.
ein Kernkraftwerk [abr.: KKW] entsorgen
Meistens wird die Strahlenbelastung in rem angegeben.

+++ p. **32** (les matières premières), p. **40** (la pollution)

2. Industries et techniques

L'énergie

das Atom (e)	l'atome
der Atomkern (e)	le noyau atomique
die Kernspaltung (en)	la fission nucléaire
das Plutonium	le plutonium
der Atommeiler (-), der Reaktor (en)	le réacteur nucléaire
der Kernbrennstoff (e)	le combustible nucléaire
die Brennelemente [pl.]	l'ensemble combustible (les crayons)
der Kühlturm (¨e)	la tour de refroidissement
der Schnelle Brüter (-)	le surrégénérateur
das Kohlekraftwerk (e)	la centrale au charbon
das Wasserkraftwerk (e)	la centrale hydroélectrique
der Staudamm (¨e)	le barrage
die Sonnenenergie	l'énergie solaire
die Solarzelle (n)	le capteur solaire
der Stromausfall	la panne de courant

élaborer un plan énergétique
La consommation d'énergie a baissé.
garantir un approvisionnement suffisant en énergie
L'augmentation du prix du pétrole a été suivie de mesures d'économie.
la dépendance pétrolière des pays occidentaux
couvrir les besoins en pétrole
couvrir la moitié de ses besoins en électricité avec l'énergie nucléaire
économiser l'énergie
En faisant des économies d'énergie, on préserve les réserves naturelles.
On consacre peu d'argent à la production d'énergie douce.
le partisan de l'énergie nucléaire
Suite à un référendum, la construction de la centrale nucléaire
   a été arrêtée.
se prononcer pour l'abandon de l'énergie nucléaire
Cette centrale nucléaire a été mise en service récemment.
La construction de surrégénérateurs est très controversée.
Le problème de l'élimination des déchets radioactifs n'est pas résolu.
éliminer les déchets d'une centrale
La dose de rayonnements reçus est la plupart du temps exprimée en rem.

Die Fischerei

die Hochseefischerei	la pêche au large
der Fischdampfer (-),	
der Trawler (-) [pr. angl.]	le chalutier
der Kutter (-), das Fischerboot (e)	le bateau de pêche
der Fischer (-)	le pêcheur
der Fischfang	la pêche
etw. (A) fischen	pêcher qch.
etw. (A) fangen (i, a, ä)	attraper, pêcher qch.
der Fang ("e)	la prise, la pêche
die Fangquote (n)	le quota de pêche
das Netz (e)	le filet
der Fisch (e)	le poisson
der Seefisch (e)	le poisson de mer
der Süßwasserfisch (e)	le poisson d'eau douce
die Muschel (n)	le coquillage
das Krustentier (e),	
das Schalentier (e)	le crustacé
die Garnele (n)	la crevette
die Languste (n)	la langouste
der Hummer (-)	le homard
die Forelle (n)	la truite
der Karpfen (-)	la carpe
der Hecht (e)	le brochet

Der Fischfang ist Islands Haupterwerbszweig.
Hier befindet (a, u) sich (A) das fischreichste Gewässer der Welt.
Auf Industrietrawlern werden die Fische an Bord verarbeitet.
Sie werden zu Fischmehl, zu Fischfilets verarbeitet.
Die Lachsschwärme sind erheblich geschrumpft.
Die Fänge sind drastisch gesunken (zurückgegangen).
Der Bestand [sg.] an Kabeljau ist ernsthaft gefährdet.
Die Fischer sprechen von einer wirtschaftlichen Katastrophe.
Sie konnten ihre Fangquoten nicht einmal aus/schöpfen.

+++ p. 40 (la faune), p. 266 (le trafic maritime)

La pêche

etw. (A) angeln	pêcher qch. (à la ligne)
der Angler (-)	le pêcheur à la ligne
die Scholle (n)	la plie
die Seezunge (n)	la sole
der Heilbutt (s)	le turbot
die Makrele (n)	le maquereau
der Hering (e)	le hareng
das Heringsfilet (s)	le filet de hareng
der Lachs (e)	le saumon
der Räucherlachs	le saumon fumé
etw. (A) räuchern	fumer qch. [conservation]
der Kabeljau (e ou s)	le cabillaud, la morue fraîche
etw. (A) ein/salzen	saler qch.
die Fischverarbeitung	la transformation du poisson
die Konservenfabrik (en)	la conserverie
der Hai (e), der Haifisch (e)	le requin
der Wal (e), der Walfisch (e)	la baleine
der Walfang	la chasse à la baleine
die Robbe (n), der Seehund (e)	le phoque
die Robbenjagd	la chasse aux phoques
die Fischzucht	la pisciculture
die Aquakultur	l'aquaculture
die Auster (n)	l'huître

La pêche est la principale source de revenus de l'Islande.
C'est ici que se trouvent les eaux les plus poissonneuses du monde.
Sur les bateaux-usines, les poissons sont transformés à bord.
Ils sont transformés en farine de poisson, en filets.
Les bancs de saumons se sont considérablement raréfiés.
Les prises ont énormément baissé.
Les populations de cabillauds sont gravement menacées.
Les pêcheurs parlent d'une catastrophe économique.
Ils n'ont même pas pu utiliser à plein leurs quotas de pêche.

Die Rohstoffe

der Rohstoff (e)	la matière première
knapp *werden	se raréfier
die Bodenschätze [pl.]	les richesses naturelles
das Lager (-)	le gisement
die Kohle	le charbon
das Kohlenlager (-)	le gisement houiller
das Kohle(n)revier (e)	le bassin houiller
die Steinkohle	la houille
die Braunkohle	le lignite
fördern, gewinnen (a, o)	extraire
die Förderung	l'extraction
die Halde (n)	le terril
der Bergbau	l'industrie minière, la mine
die Montanindustrie	l'industrie minière et sidérurgique
der Tagebau (e)	l'exploitation à ciel ouvert
das Bergwerk (e), die Grube (n), die Zeche (n)	la mine
der Bergbauingenieur (-)	l'ingénieur des mines
der Bergmann (-leute)	le mineur
der Schacht (¨e)	le puits
der Stollen (-)	la galerie
das Grubenunglück (e)	la catastrophe minière
der Einsturz (¨e)	l'éboulement
das Grubengas	le grisou
das Schlagwetter (-)	le coup de grisou
jn. retten, bergen (a, o, i)	sauver qn.
die Rettungsarbeiten	les travaux de sauvetage
der Förderturm (¨e)	le chevalement
der Förderkorb (¨e)	l'ascenseur
das Förderband (¨er)	le tapis roulant
der Koks	le coke
die Kokerei (en)	la cokerie
der Anthrazit	l'anthracite
das Uran	l'uranium
das Uranvorkommen (-)	le gisement d'uranium
das Uranbergwerk (e)	la mine d'uranium
uranhaltig	uranifère
angereichert	enrichi [uranium]
der Stein (e)	la pierre

Les matières premières

der Steinbruch (¨e)	la carrière
der Sand	le sable
die Sandgrube (n)	la sablière
der Kies	le gravier
der Bulldozer (-), die Planierraupe (n)	le bulldozer
der Bagger (-)	la pelleteuse, l'excavateur
der Schwimmbagger (-)	la drague
der Sandstein	le grès
der Marmor	le marbre
das Salz (e)	le sel
das Salzbergwerk (e)	la mine de sel
der Edelstein (e)	la pierre précieuse
der Diamant (en, en)	le diamant
das Erz (e)	le minerai
das Eisen	le fer
das Eisenerz	le minerai de fer
eisern	de fer, en fer
das Metall (e)	le métal
metallen, metallisch	métallique, en métal
das Kupfer	le cuivre
kupfern	de cuivre, en cuivre
das Blei	le plomb
bleiern	de plomb, en plomb
das Silber	l'argent
silbern	d'argent, en argent
das Quecksilber	le mercure
das Gold	l'or
golden	d'or, en or
das Erdöl	le pétrole
das Rohöl	le pétrole brut
das Barrel (-) [pr. angl.]	le barril
der Öltanker (-)	le pétrolier
bohren	forer
die Bohrung (en)	le forage
der Bohrturm (¨e)	le derrick
die Bohrinsel (n), die Plattform (en)	la plate-forme de forage
die Erdölleitung (en)	l'oléoduc
die Pipeline (s) [pr. angl.]	le pipeline
das Erdgas	le gaz naturel

auf Kohle zurück/greifen (i, i)
untertage, übertage (unter, über Tage) arbeiten
einen Verletzten übertage bringen (brachte, gebracht)
Braunkohle wird im Tagebau, Uranerz wird untertage abgebaut.
Erz zutage bringen (brachte, gebracht)
Ist das aus Stahl oder aus Aluminium?
schwierig auszubeutende Lagerstätten
Die Bergleute *fahren (ins Bergwerk) ein.
nach Erdöl bohren
Die DDR ist ein rohstoffarmes Land.
China ist reich an Bodenschätzen.
die förderbaren Erdölvorräte
die Förderung von Erdgas im Offshore-Bereich
Eine ernsthafte Verknappung an Rohstoffen ist nicht zu befürchten.
die Erdölförderländer, die erdölexportierenden Staaten

+++ p. 44 (catastrophes naturelles), p. **28** (l'énergie), p. **36** (les industries), p. **40** (la pollution)

revenir à l'utilisation du charbon
travailler au fond, en surface
monter un blessé à la surface
Le lignite est extrait à ciel ouvert, l'uranium sous terre.
extraire du minerai (remonter... à la surface)
Est-ce en acier ou en aluminium ?
des gisements difficilement exploitables
Les mineurs descendent dans la mine.
faire des forages pétroliers
La RDA est un pays pauvre en matières premières.
La Chine est riche en ressources naturelles.
les réserves pétrolières exploitables
l'exploitation offshore de gaz naturel
Une pénurie sérieuse de matières premières n'est pas à craindre.
les pays producteurs, exportateurs de pétrole

Die Industriezweige

der Industriezweig (e)	le secteur industriel
die Schlüsselindustrie (n)	l'industrie clé
die Schwerindustrie	l'industrie lourde
die Leichtindustrie	l'industrie légère
die Metallindustrie	l'industrie métallurgique, la métallurgie
der Metallarbeiter	le métallurgiste, le métallo
die Erzaufbereitung	le traitement des minerais
das Hüttenwerk (e), die Hütte (n)	l'usine métallurgique
das Stahlwerk (e)	l'aciérie
der Stahl	l'acier
der Edelstahl	l'acier spécial
stählern	d'acier
die Legierung (en)	l'alliage
der Hochofen (¨)	le haut fourneau
*schmelzen (o, o)	fondre
etw. (A) schmelzen (o, o)	faire fondre qch.
die Gießerei (en)	la fonderie
etw. (A) gießen (o, o)	couler qch.
der Abstich (e)	la coulée
flüssig	liquide
(*)rosten	rouiller
das Gußeisen	la fonte
verrostet	rouillé
rostfrei	inoxydable
das Walzwerk (e)	le laminoir
etw. (A) walzen	laminer qch.
der Draht (¨e)	le fil
der Stacheldraht	le fil de fer barbelé
das Rohr (e)	le tuyau, le tube
der Nagel (¨)	le clou
etw. (A) an/nageln	clouer qch.
der Werkzeugmaschinenbau	la construction de machines-outils
die Werkzeugmaschine (n)	la machine-outil
der Schmiedehammer (¨)	le marteau-pilon
der Kran (¨e)	la grue

Les industries

das Werkstück (e)	la pièce (à outiller)
die Drehbank (¨e)	le tour
etw. (A) drehen	tourner qch.
der Dreher (-)	le tourneur
die Bohrmaschine (n)	la perforeuse, la perceuse
bohren	perforer, percer
die Chemie	la chimie
chemisch	chimique
die petrochemische Industrie	l'industrie pétrochimique
die Erdölraffinerie (n)	la raffinerie de pétrole
etw. (A) raffinieren	raffiner qch.
der Kunststoff (e)	la matière plastique
die Schwerchemie	la chimie lourde
die Chemikalie (n)	le produit chimique
das Düngemittel (-), der Dünger (-)	l'engrais
das Zementwerk (e)	la cimenterie
die Verbrauchsgüterindustrie	l'industrie des produits de consommation
die Automobilindustrie	l'industrie automobile
der Autohersteller (-)	le constructeur automobile
die Papierindustrie	l'industrie papetière
die Textilindustrie, das Textilgewerbe	l'industrie textile, le textile
die Kunstfaser (n)	la fibre synthétique
künstlich	artificiel
synthetisch	synthétique
die Spinnerei (en)	la filature
spinnen (a, o)	filer
die Weberei (en)	l'usine de tissage
weben [v. faible]	tisser
handgewebt	tissé main
die Färberei (en)	la teinturerie
etw. (A) färben	teinter qch.
die Gerberei (en)	la tannerie
etw. (A) gerben	tanner qch.
die pharmazeutische Industrie	l'industrie pharmaceutique

die Arzneimittelindustrie	l'industrie du médicament
die Feinmechanik	la mécanique de précision
die optische Industrie	l'industrie optique
die Optik	l'optique
die Lebensmittelindustrie, die Nahrungsmittelindustrie	l'industrie agro-alimentaire
die Modernisierung (en)	la modernisation
etw. (A) modernisieren	moderniser qch.
modern	moderne
veraltet, überholt	dépassé

Die industrielle Revolution hat in England begonnen.
die metallverarbeitende Industrie
Die Stahlindustrie ist von weiterverarbeitenden Bereichen abhängig.
Erz auf/bereiten
Der glühende Stahl wird gewalzt.
Dieser Schnellkochtopf ist aus rostfreiem Stahl.
Der Maschinenbau ist der zweitstärkste Industriezweig.
Das Ruhrgebiet ist der größte europäische Ballungsraum.
Die Städte bemühen sich (A) um Ansiedlung neuer Industrien.
In bestimmten Industriezweigen mangelt es an (D) Fachkräften [pl.].
Für gesundheitsschädliche Arbeiten werden Roboter eingesetzt.
Arbeitskräfte werden durch Roboter ersetzt.
einen Schweißroboter in Betrieb setzen, in Betrieb nehmen (a, o, i)
Die Roboter sind in Betrieb, sind außer Betrieb.
Durch Roboter werden Arbeitsplätze abgebaut, wegrationalisiert.
Der Anteil an Chemiefasern (an Naturfasern) in der Kleidung *sinkt.

+++ p. 196 (la formation professionnelle), chap. **1** (le monde du travail), p. **44** (technologies nouvelles)

die Rationalisierung (en)	la rationalisation
rationalisieren	rationaliser
rationell	rationnel
die Fernsteuerung	la télécommande
etw. (A) fern/steuern	télécommander, téléguider qch.
ferngesteuert	télécommandé, téléguidé
der Roboter (-)	le robot
die Robotertechnik	la robotique
die Schlüsseltechnologie (n)	la technologie clé
die Automatisierung	l'automatisation

La révolution industrielle a commencé en Angleterre.
la métallurgie de transformation
La sidérurgie est dépendante des secteurs de transformation.
traiter du minerai
L'acier incandescent est laminé.
Cette cocotte-minute (cet autocuiseur) est en acier inoxydable (inox).
L'industrie mécanique se situe à la seconde place des secteurs industriels.
La Ruhr est la plus grande concentration urbaine et industrielle en Europe.
Les villes se préoccupent de l'implantation d'industries nouvelles.
Dans certains secteurs industriels, on manque de personnel qualifié.
On emploie des robots pour des travaux insalubres.
Les hommes sont remplacés par des robots.
mettre un robot à souder en marche, en service
Les robots sont en marche, sont hors service (arrêtés).
L'utilisation des robots entraîne des suppressions d'emplois.
La proportion de fibres synthétiques (naturelles) dans les vêtements diminue.

Die Umweltverschmutzung

die Umwelt	l'environnement
sauber	propre
schmutzig	sale
rein	pur
etw. (A) verschmutzen	polluer qch.
die Umweltverschmutzung	la pollution
die Umweltzerstörung	la destruction de l'environnement
etw. (A) schützen	protéger qch.
der Umweltschutz	la protection de l'environnement
der Umweltschützer (-)	l'écologiste
der Naturschutz	la protection de la nature
das Naturschutzgebiet (e), das Naturreservat (e)	la réserve naturelle
etw. (A) befürworten	se prononcer en faveur de qch.
etw. (A) bekämpfen, gegen etw. (A) kämpfen	lutter contre qch.
sich (A) etw. (D) widersetzen	s'opposer à qch.
der Protestmarsch (¨e)	la marche de protestation
der Grüne [adj. subst.], die Grünen	le Vert, les Verts
die Ökologie	l'écologie
die Umweltpolitik	la politique de l'environnement
umweltfreundlich	non polluant
umweltfeindlich	nuisible à l'environnement
umweltverschmutzend	polluant
besorgniserregend	inquiétant
der Müll [sg.]	les ordures
Müll ab/laden (u, a, ä)	déposer des ordures
der Müllabladeplatz (¨e), die Mülldeponie (n)	le dépôt d'ordures, la décharge publique
der Schadstoff (e)	le produit nocif, la substance nocive
der Giftstoff (e)	le produit toxique
das Dioxinfaß (¨sser)	le fût de dioxine
der Abfall (¨e)	le déchet
die Abfallbeseitigung	l'élimination des déchets
etw. (A) weg/werfen (a, o, i)	jeter qch.
die Einwegverpackung (en)	l'emballage perdu
die Müllverbrennungsanlage (n)	l'usine d'incinération des ordures

La pollution de l'environnement

die Wiederverwertung, das Recycling [pr. angl.]	le recyclage
etw. (A) wieder/verwerten	recycler qch.
wiederverwertbar	recyclable
der (Abgas)katalysator (-toren)	le pot catalytique
die Abgase [pl.]	les gaz d'échappement
das Kohlenmonoxid	le monoxyde de carbone
das Kohlendioxid	le dioxyde de carbone, le gaz carbonique
die Ölpest	la marée noire
der Atommüll [sg.]	les déchets nucléaires [pl.]
etw. (A) lagern	stocker qch.
die Lagerung	le stockage
die Wiederaufbereitungsanlage (n) (WAA)	l'usine de retraitement
etw. (A) wiederauf/bereiten	retraiter qch.
die Strahlung	le rayonnement
radioaktiv	radioactif
etw. (A) verseuchen	contaminer qch.
verseucht	contaminé
etw. (A) entseuchen	décontaminer qch.
die Entseuchung	la décontamination
der saure Regen [sg.]	les pluies acides
die Entwaldung	la déforestation
das Waldsterben	le dépérissement forestier
das Aerosol (e)	l'aérosol
das Treibgas (e)	le (gaz) propulseur
der Ozon	l'ozone
die Ozonschicht	la couche d'ozone
der Lärm [sg.]	le bruit
der Lärmpegel	le niveau sonore
lärmend	bruyant
lärmarm	peu bruyant
ohrenbetäubend	assourdissant
die Lärmschutzwand (¨e)	le mur anti-bruit
die Kläranlage	la station d'épuration

an etw. (D) Kritik üben
sich (A) gegen etw. auf/lehnen
das Übel an der Wurzel packen
die Verseuchung durch radioaktive Stoffe
ein neues Verfahren zur Beseitigung von Hausmüll entwickeln
Kunststoffabfälle können durch Recycling wiederverwendet werden.
Die Einführung von bleifreiem Benzin ist eine wichtige umwelt-politische Maßnahme.
Das Grundwasser ist durch Nitrate verseucht.
Der Bleigehalt der Luft wurde um die Hälfte verringert.
das ökologische, biologische Gleichgewicht zerstören
Giftstoffe in die Luft pusten, blasen (ie, a, ä)
Manche Länder kippen ihren Dreck in die Nordsee.
Klärschlamm [sg.] in der Ostsee verklappen
Der Rhein ist sterbenskrank.
die Reinhaltung der Gewässer
Die Autoabgase greifen (i, i) alte Gebäude an.
Der Treibhauseffekt könnte durch das Abholzen der Tropenwälder verstärkt werden.
Das Umweltbewußtsein ist hierzulande noch kaum entwickelt.
dank (G ou D) des gestiegenen Umweltbewußtseins
die Eindämmung des Lärms im Wohn- und Freizeitbereich
Dauerbelastung durch Lärm kann Gehörschädigungen hervor/rufen.

+++ p. 28 (climats), chap. 2 (la nature), p. **28** (l'énergie)

critiquer qch.
se révolter contre qch.
prendre le mal par la racine
la contamination par des matières radioactives
développer un nouveau procédé pour l'élimination des ordures ménagères
Les déchets de matières plastiques peuvent être réutilisés par recyclage.
L'introduction de l'essence sans plomb est une importante mesure de protection de l'environnement («écopolitique»).
La nappe phréatique est polluée par les nitrates.
La teneur de l'air en plomb a été réduite de moitié.
détruire l'équilibre écologique, biologique
rejeter des produits toxiques dans l'atmosphère
Certains pays déversent leurs déchets dans la mer du Nord.
déverser des boues d'épuration dans la mer Baltique
Le Rhin est à l'agonie.
la préservation de la propreté des eaux [mers, fleuves, lacs]
Les gaz d'échappement des voitures altèrent les édifices anciens.
Le déboisement des forêts tropicales pourrait renforcer l'effet de serre.

Dans notre pays, la conscience écologique est encore peu développée.
grâce à une conscience écologique plus développée
la diminution (réduction) du bruit dans les secteurs d'habitation et de loisir
Une exposition permanente au bruit peut provoquer des lésions auditives.

Forschung und neue Technologien

die Wissenschaft (en)	la science
der Wissenschaftler (-)	le scientifique
wissenschaftlich	scientifique
etw. (A) fördern	promouvoir qch.
die Forschung (en)	la recherche
das Forschungsinstitut (e)	l'institut de recherche
die Grundlagenforschung	la recherche fondamentale
der Forscher (-)	le chercheur
forschen	faire de la recherche
etw. (A) erforschen	étudier qch., faire des recherches sur qch.
die Entdeckung (en)	la découverte
etw. (A) entdecken	découvrir qch.
der Erfinder (-)	l'inventeur
die Erfindung (en)	l'invention
etw. (A) erfinden (a, u)	inventer qch.
etw. (A) entwickeln	développer qch.
die Entwicklung (en)	le développement
die Zukunft	l'avenir, le futur
zukünftig	futur, à venir
das Labor (e)	le laboratoire
der Versuch (e), das Experiment (e)	l'expérience
der Laborversuch (e)	l'expérience en laboratoire
der Fortschritt (e)	le progrès
die Gentechnik	le génie génétique
die Biotechnik [sg.], die Biotechnologie	la biotechnologie
die Glasfaser (n)	la fibre optique
die Elektronik	l'électronique
elektronisch	électronique
der Bauteil (e), das Bauelement (e)	le composant
die Miniaturisierung	la miniaturisation
etw. (A) miniaturisieren	miniaturiser qch.

Recherche et technologies nouvelles

die Mikroelektronik	la microélectronique
der Transistor (-toren)	le transistor
der Chip (s) [pr. angl.]	la puce (électronique)
der Halbleiter (-)	le semi-conducteur
der Supraleiter (-)	le supraconducteur
der Mikroprozessor (-oren)	le microprocesseur
der integrierte Schaltkreis (e)	le circuit intégré
binar, binär	binaire
numerisch, digital	numérique, digital
die numerische Steuerung	la commande numérique
der (Solar)taschenrechner (-)	la calculatrice (solaire) de poche
der technisch-wissenschaftliche Rechner	la calculatrice scientifique
programmierbar	programmable
programmieren	faire de la programmation
etw. (A) programmieren	programmer qch.
der Programmierer (-)	le programmeur
die Programmiersprache (n)	le langage de programmation
die Maschinensprache	le langage machine
die Informatik, die elektronische Datenverarbeitung (die EDV)	l'informatique
die Hardware (s) [pron. angl.]	le matériel informatique
die Software (s) [pron. angl.]	le software
das Programm (e)	le logiciel, le programme
die Textverarbeitung	le traitement de textes
die Daten [pl.]	les données
etw. (A) erfassen	saisir
die Datenerfassung	la saisie des données
die Datenbank (en)	la banque de données
die Datei (en)	le fichier
der Datenträger (-)	le support des données
der Datenschutz	la protection des données informatiques

das Datenschutzgesetz (e)	la *Loi informatique et libertés*
der Computer (-) [pr. angl.],	
die EDV-Anlage (n)	l'ordinateur
der Heimcomputer (-)	le micro-ordinateur
kompatibel	compatible
das Computerterminal (s) [pr. angl.]	le terminal d'ordinateur
die Zentraleinheit (en)	l'unité centrale
die Speicherkapazität	la (capacité) mémoire
der Monitor (-toren ou -tore)	le moniteur, l'écran
das (Disketten)laufwerk (e)	le lecteur de disquettes, le drive
die Lochkarte (n)	la carte perforée

Der technische Fortschritt ist unaufhaltsam.
die angewandten Wissenschaften (die Anwendung, en)
wissenschaftliche Forschungen betreiben (ie, ie)
nach dem Aids-Erreger forschen
Die Forschung auf dem Gebiet der Medizin macht riesige Fortschritte.
einen Versuch durch/führen
der wissenschaftliche Nachwuchs
das wissenschaftlich-technische Niveau eines Landes erhöhen
Forschungsergebnisse veröffentlichen
Ein Chip ist eine millimetergroße Siliziumscheibe.
Er hat eine Speicherkapazität von einer Million Bit.
Daten in den Speicher ein/geben (a, e, i)
Daten ein/geben (füttern), speichern, ab/rufen (ie, u), löschen
Daten verarbeiten, sichten, ab/lesen, aus/werten
eine Datenbank an/legen
ein Werkstück (das Werkstück, e) am Bildschirm konstruieren
die CAD-Technik (das rechnerunterstützte Konstruieren)
eine computergesteuerte Werkzeugmaschine
die CAM-Technik (die rechnerunterstützte Fertigung)
den Mißbrauch von Daten verhindern
Nur Glasfasern können Informationen störungsfrei übertragen.

die Magnetplatte (n)	le disque magnétique
die Diskette (n), die Floppy Disk (s)	la disquette
die Festplatte (n)	le disque dur
die Bildplatte, die Videoplatte (n)	le vidéodisque
die Tastatur (en)	le clavier
das Peripherie-Gerät (e)	le périphérique
der Drucker (-)	l'imprimante
etw. (A) aus/drucken	imprimer qch.
die Spracherkennung	la reconnaissance vocale
das Elektronengehirn (e)	le cerveau électronique
die künstliche Intelligenz	l'intelligence artificielle

On ne peut pas arrêter le progrès technique.
les sciences appliquées (l'application)
mener des recherches scientifiques
faire des recherches sur les causes (l'agent causal, le virus) du SIDA
La recherche dans le domaine médical progresse à pas de géant.
procéder à une expérience
la relève scientifique
élever le niveau scientifique et technique d'un pays
publier des résultats de recherches
Une puce est une rondelle de silicium d'une taille d'un millimètre.
Elle a une mémoire d'un million de bits.
mettre des données en mémoire
introduire, stocker, appeler, effacer des données
traiter, visionner, lire, exploiter des données
créer une banque de données
concevoir une pièce à l'écran
la CAO (conception assistée par ordinateur)
une machine-outil commandée par ordinateur
la PAO (production assistée par ordinateur)
prévenir l'utilisation abusive des données informatiques
Seules les fibres optiques peuvent transmettre des informations en toute
  fiabilité.

3. Die Landwirtschaft

Strukturen und Probleme

das Land [sg.]	la campagne
das Landleben	la vie à la campagne
die Landflucht	l'exode rural
die Landgemeinde (n)	la commune rurale
das Dorf ("er)	le village
dörflich	rural
der Dorfbewohner (-)	le villageois
die Dorfkirche (n)	l'église du village
der Bauer (n, n)	le paysan
die Bäuerin (nen)	la paysanne
der Landwirt (e)	l'agriculteur
der Agraringenieur (e)	l'ingénieur agronome
die Landwirtschaft	l'agriculture
landwirtschaftlich	agricole
der Landarbeiter (-)	l'ouvrier agricole
der (Bauern)hof ("e)	la ferme
etw. (A) erben	hériter de qch.
etw. (A) bewirtschaften	exploiter qch.
jm. etw. (A) verpachten	louer qch. à qn. [terres agricoles]
der Pächter (-)	le fermier
etw. (A) pachten	louer qch. [prendre en location]
der Betrieb (e)	l'entreprise
der Mischbetrieb (e)	l'entreprise mixte
sich (A) auf etw. (A) spezialisieren	se spécialiser dans qch.
die Genossenschaft (en)	la coopérative
der Bauernverband ("e)	le syndicat agricole
die Agrarpolitik	la politique agricole
der Agrarhaushalt	le budget de l'agriculture
der Garantiepreis (e)	le prix garanti
etw. (A) stützen, subventionieren	subventionner qch.
der Mindestpreis (e)	le prix minimal

3. L'agriculture

Structures et problèmes

der Überschuß (¨sse) an + D	l'excédent, le surplus de...
die Überproduktion	la surproduction
der Veredelungssektor	le secteur de transformation
die Agrarstruktur	la structure agricole
die Flurbereinigung	le remembrement
etw. (A) bewässern	irriguer qch.
die Bewässerung	l'irrigation
etw. (A) entwässern	drainer qch.
der Polder (-), der Koog (Köge)	le polder
der Deich (e)	la digue
die Bodenreform (en)	la réforme foncière
etw. (A) um/verteilen	redistribuer qch.
das Land [sg.]	la terre, les terres
der Großgrundbesitzer (-)	le grand propriétaire terrien
die Kolchose (n)	le kolkhoze
der Kolchosbauer (n, n)	le kolkhozien
der Winzer (-)	le viticulteur
die Weinlese (n)	les vendanges [pl.]
der Weinleser (-)	le vendangeur
der Wein (e)	le vin
der Apfelwein	le cidre
der Weinberg (e)	le vignoble
die Weintraube (n)	le raisin
das Bier (e)	la bière
der Hopfen	le houblon
das Malz	le malt
die Brauerei (en)	la brasserie
etw. (A) brauen	brasser qch.
die Gärung	la fermentation
(*)gären (o, o)	fermenter
etw. (A) destillieren	distiller qch.

Sie stammen beide vom Land(e).
auf dem Land, auf dem Dorf leben
aufs Land *ziehen (zog, gezogen)
Ich hätte den Hof meiner Eltern übernehmen können.
Er hat die Landwirtschaft aufgegeben.
einige Hektar Land kaufen
dem Meer Land ab/gewinnen (o, o)
Die Nordseeinseln sind eingedeicht worden.
Viele Jugendliche *wandern in die Städte ab.
Ländliche Räume sind mit Infrastruktur-Einrichtungen unterversorgt.
Die Finanzkrise der EG erfordert ein Umdenken.
Die gemeinsame Agrarpolitik verschlingt zwei Drittel der Gesamtausgaben der EG.
die EG-Gipfel-Teilnehmer
der europäische Binnenmarkt
das Scheitern der Konferenz verhindern
in Brüssel einen Kompromiß aus/handeln
Um diese Frage *kommt die europäische Landwirtschaft nicht herum.
Strukturveränderungen herbei/führen
die Schwierigkeiten bewältigen
die LPG (die landwirtschaftliche Produktionsgenossenschaft)
Wein vom Markt nehmen (a, o, i) und zu Alkohol verarbeiten
Weinskandale haben den Ruf des deutschen Weins geschädigt.

Il sont tous les deux originaires de la campagne.
vivre à la campagne
aller s'installer à la campagne
J'aurais pu reprendre la ferme de mes parents.
Il a abandonné l'agriculture.
acheter quelques hectares de terre
gagner du terrain sur la mer
Les îles de la mer du Nord ont été entourées de digues.
Beaucoup de jeunes s'expatrient vers les villes.
Les zones rurales sont sous-équipées en infrastructures.
La crise financière de la CEE exige une évolution des mentalités.
La politique agricole commune engloutit les deux tiers des dépenses globales de la CEE.
les participants au sommet européen
le marché intérieur européen
éviter l'échec de la conférence
négocier un compromis à Bruxelles
L'agriculture européenne ne pourra pas éluder cette question.
entraîner des changements de structures
maîtriser les difficultés
la coopérative agricole de production [RDA]
retirer du vin du marché et le transformer en alcool
Des scandales ont nui à la réputation des vins allemands.

Die Tierproduktion

das Tier (e)	l'animal
der Tierarzt (¨e)	le vétérinaire
tierisch	animal [adj.]
das Erzeugnis (se), das Produkt (e)	le produit
die Erzeugung	la production
etw. (A) erzeugen	produire qch.
der Erzeuger (-)	le producteur
das Vieh	le bétail
die Viehzucht	l'élevage (du bétail)
der Viehzüchter (-)	l'éleveur (de bétail)
etw. (A) züchten	élever qch.
etw. (A) füttern	nourrir, donner à manger à qch.
die Maul- und Klauenseuche	la fièvre aphteuse
die Brucellose	la brucellose
der Viehbestand (¨e)	le cheptel
der Viehhändler (-)	le marchand de bétail
die Herde (n)	le troupeau
der Wiederkäuer (-)	le ruminant
das Rind (er)	le bovin
der Ochse (n, n)	le bœuf
der Stier (e), der Bulle (n, n)	le taureau
die Kuh (¨e)	la vache
das Kalb (¨er)	le veau
kalben	vêler
der Kuhstall (¨e)	l'étable
der Mist	le fumier
der Misthaufen (-)	le tas de fumier
die Milchproduktion	la production laitière
etw. (A) melken (melkte, gemolken)	traire qch.
die Melkanlage (n)	la machine à traire
die Molkerei (en)	la laiterie
die Molkereigenossenschaft (en)	la laiterie coopérative
das Molkereiprodukt (e)	le produit laitier
die Weide (n)	l'herbage, le pâturage
weiden, grasen	paître
die Wiese (n)	le pré, la prairie

Productions animales

grünen	verdir, verdoyer
die Rindermast	l'élevage de bœufs
etw. (A) mästen	engraisser qch.
der Mäster (-)	l'éleveur (d'animaux de boucherie)
der Schweinestall (¨e)	la porcherie
das Schwein (e)	le porc, le cochon
etw. (A) schlachten	abattre qch. [tuer pour manger]
der Schlachthof (¨e)	l'abattoir
das Schaf (e)	le mouton
das Lamm (¨er)	l'agneau
der Bock (¨e)	le bouc, le bélier
die Ziege (n)	la chèvre
der Pferdestall (¨e)	l'écurie
das Pferd (e)	le cheval
die Stute (n)	la jument
das Fohlen, das Füllen (-)	le poulain
das Gestüt (e)	le haras
das Pony (s)	le poney
das Geflügel [sg.]	la volaille
die Geflügelzucht	l'aviculture
die Hühnerfarm (en)	l'élevage de poules
der Hahn (¨e)	le coq
das Huhn (¨er)	la poule, le poulet
die Henne (n)	la poule pondeuse
das Ei (er)	l'œuf
die Ente (n)	le canard
die Feder (n)	la plume
die Daune (n)	le duvet
die Gans (¨e)	l'oie
das Perlhuhn (¨er)	la pintade
die Truthenne (n), die Pute (n)	la dinde
das Kaninchen (-)	le lapin
die Bienenzucht	l'apiculture
die Biene (n)	l'abeille
der Imker (-)	l'apiculteur
der Honig	le miel

eine grüne, fette, magere, sumpfige Weide
Viehzucht betreiben (ie, ie)
Die Viehzucht ist zur Haupteinnahmequelle geworden.
Eier legen, aus/brüten
Eine Vielzahl von Tieren wird auf engem Raum gehalten.
Den Schlachttieren werden Hormone gespritzt.
die Schafe auf die Weide treiben (ie, ie)
Meistens werden die Kühe künstlich besamt (die künstliche Besamung).
Kühe müssen zweimal täglich gemolken werden.
die Milchquoten überziehen (o, o)
Die Milchproduktion übersteigt (ie, ie) den Verbrauch.
Deswegen wird frische Milch zu Milchpulver verarbeitet.
etw. (A) auf dem Weltmarkt weit unter Preis verkaufen
der Butterberg [sg.]
den Stier bei den Hörnern packen

+++ p. 40 (la faune), p. **30** (la pêche)

un pâturage verdoyant, riche, maigre, marécageux
faire de l'élevage
L'élevage est devenu la source principale de revenus.
pondre, couver des œufs
Un grand nombre d'animaux est élevé sur un espace confiné.
On injecte des hormones aux animaux de boucherie.
conduire les moutons au pâturage
La plupart du temps, les vaches sont inséminées (l'insémination artificielle).
Il faut traire les vaches deux fois par jour.
dépasser les quotas laitiers
La production laitière est supérieure à la consommation.
C'est la raison pour laquelle on transforme du lait frais en poudre de lait.
vendre qch. nettement en dessous de son prix sur le marché mondial
les stocks de beurre
prendre le taureau par les cornes

Die Pflanzenproduktion

das Feld (er)	le champ
die Feldarbeit [sg.]	les travaux des champs
das Ackerland [sg.]	la terre cultivable, la terre à labour
der Acker (¨)	le champ (labouré)
der Ackerbau, der Feldbau	la culture [travail de la terre]
fruchtbar	fertile
der Boden (¨)	le sol
der Lehm [sg.]	l'argile
lehmig	argileux
sandig	sablonneux
ertragreich	productif, fertile
brach/liegen (a, e)	être en friche
etw. (A) pflügen	labourer qch.
der Pflug (¨e)	la charrue
etw. (A) eggen	herser qch.
die Egge (n)	la herse
etw. (A) säen	semer qch.
die Saat [sg.]	la semence, le semis
etw. (A) pflanzen	planter qch.
die Futterpflanze (n)	la plante fourragère
pflanzlich	végétal
das Futter	le fourrage
das Silofutter	l'ensilage
der, das Silo (s)	le silo
etw. (A) silieren	ensiler qch.
die Hackfrucht (¨e)	la plante sarclée
die Kartoffel (n)	la pomme de terre
die (Zucker)rübe (n)	la betterave (à sucre)
das Getreide [sg.]	les céréales
etw. (A) an/bauen	faire la culture de qch., cultiver qch.
der (Getreide)anbau	la culture (de céréales)
die Anbaufläche (n)	la surface cultivable
der Weizen	le blé
der Roggen	le seigle
die Gerste	l'orge
der Hafer	l'avoine
der Mais	le maïs
der Reis	le riz
der Flachs	le lin

Productions végétales

die Ölfrucht ("e), die Ölpflanze (n)	l'oléagineux
der Raps	le colza
die Sonnenblume (n)	le tournesol
die Erdnuß ("sse)	l'arachide
die Fruchtfolge	l'assolement
die Anbaumethode (n)	la méthode de culture
düngen	semer de l'engrais, fertiliser
das Düngemittel (-), der Dünger (-)	l'engrais
die Düngung	la fertilisation
überdüngen	utiliser trop d'engrais
die Überdüngung	l'utilisation abusive d'engrais
der Düngeraufwand	la quantité d'engrais utilisé
das Phosphat (e)	le phosphate
der Stickstoff	l'azote
das Kali	la potasse
der Kalk, der Kalkdünger	la chaux
die Produktivität	la productivité
die Mechanisierung	la mécanisation
die Landmaschine (n)	la machine agricole
der Traktor (-toren)	le tracteur
der (An)hänger (-)	le chariot, la remorque
die Gabel (n)	la fourche
die Sichel (n)	la faucille
die Sense (n)	la faux
die Ernte (n)	la récolte
eine ertragreiche Ernte	une bonne récolte
der Hektarertrag ("e)	le rendement à l'hectare
die Mißernte (n)	la mauvaise récolte
die Getreideernte (n)	la moisson
etw. (A) ernten	récolter qch.
maschinell	à la machine, mécaniquement
etw. (A) mähen	faucher qch.
die Mähmaschine (n)	la faucheuse
das Heu	le foin
der Heuwender (-)	la faneuse
die (Heu)presse (n)	la botteleuse, la presse
das Stroh	la paille
der (Stroh)ballen (-)	la botte (de paille)
etw. (A) dreschen (o, o, i)	battre, moissonner qch.

der Mähdrescher (-)	la moissonneuse-batteuse
die Scheune (n)	la grange
der Boden (¨), der Speicher (-)	le grenier
der Gemüse(an)bau	la culture maraîchère
das Frühgemüse [sg.]	les primeurs
die Obstplantage (n)	le verger, la plantation d'arbres fruitiers

Die Pferde sind schon lange durch Traktoren ersetzt worden.
Der Bauer bestellt (bebaut) sein Land, seinen Acker.
Durch die feuchtwarme Witterung ist die Saat schnell aufgegangen.
Der Weizen steht (a, a) gut.
Der Anbau von Flachs kann sehr einträglich sein.
Tabak, Wein an/bauen
das Gras mähen, das Heu wenden (wendete, gewendet), pressen
die Ernte (in die Scheune) ein/fahren (u, a, ä), ein/bringen (a, a)
einen Heuwagen ab/laden (u, a, ä)
Die Rüben werden an die Kühe verfüttert.
Der großflächige Anbau von Getreide ist sehr rentabel.
Eine Tendenz zur Monokultur ist zu verzeichnen.
enorme Ertragssteigerungen erzielen
das Einfrieren von Ackerflächen, die Flächenstillegung
Die USA liefern Getreide an die Sowjetunion.
ein Lieferembargo über (A) ein Land verhängen [v. faible]
das Embargo auf/heben (o, o)
ein staatlicher Forst
Die Hänge waren teilweise abgeholzt.
Sie wurden mit verschiedenen Holzarten aufgeforstet.
der ökologische Landbau (der alternative Landbau)

+++ p. 36 (la flore), p. 176 (le jardin), p. **40** (la pollution)

die Forstwirtschaft	la sylviculture, l'exploitation forestière
der Forst (e)	la forêt (exploitée)
der Förster (-)	le garde forestier
etw. (A) ab/holzen	déboiser qch.
die Abholzung	le déboisement
etw. (A) auf/forsten	reboiser qch.

Cela fait longtemps que les chevaux ont été remplacés par des tracteurs.
Le paysan cultive ses terres, son champ.
En raison du temps chaud et humide, les semis ont bien levé.
Les blés sont beaux.
La culture du lin peut être très rentable.
faire la culture du tabac, de la vigne
faucher l'herbe, faner, botteler le foin
engranger la récolte
décharger un chariot de foin
Les betteraves sont données à manger aux vaches.
La culture de céréales à grande échelle est très rentable.
On peut noter une tendance à la monoculture.
parvenir à une énorme augmentation des rendements
le gel des terres
Les USA livrent des céréales à l'Union soviétique.
prononcer un embargo sur les livraisons à destination d'un pays
lever l'embargo
une forêt domaniale
Les pentes étaient partiellement déboisées.
Elles furent reboisées avec différentes essences.
l'agriculture biologique

4. Stadt und Dienstleistungen

Der Städtebau

die Stadtplanung, der Städtebau	l'urbanisme
der Bebauungsplan (¨e)	le plan d'occupation des sols
die Verstädterung	l'urbanisation
der Ballungsraum (¨e)	la zone à forte concentration urbaine
die Stadt (Städte)	la ville
die Großstadt (¨e)	la grande ville
die Kleinstadt (¨e)	la petite ville
der Städter (-), der Stadtbewohner (-)	le citadin
städtisch	municipal
die Hafenstadt (¨e)	la ville portuaire
die Industriestadt (¨e)	la ville industrielle
die Universitätsstadt (¨e)	la ville universitaire
die Provinzstadt (¨e)	la ville de province
das Industriegebiet (e)	la zone industrielle
der Stadtbezirk (e)	l'arrondissement
das Stadtviertel (-)	le quartier
dicht bevölkert	densément peuplé
dünn bevölkert	peu peuplé
(un)bewohnt	(in)habité
belebt	animé
ruhig	calme, tranquille
laut	bruyant
verrufen	mal famé
die Vorstadt, der Vorort (e)	le faubourg, la banlieue
die Schlafstadt (¨e)	la cité-dortoir

4. La ville et les services

L'urbanisme

das Elendsviertel (-), der Slum (s) [pr. angl.]	le bidonville
die Umgebung [sg.]	les environs
der Stadtrand ("er)	la périphérie
die Innenstadt, die Stadtmitte, das Zentrum, die City	le centre ville
der Stadtkern	le cœur de la ville
die Stadtmauer (n)	le mur d'enceinte
das Stadttor (e)	la porte de la ville
malerisch	pittoresque
die Altstadt	la vieille ville
das Fachwerkhaus ("er)	la maison à colombages
die Altstadtsanierung	la rénovation des vieux quartiers
etw. (A) sanieren	rénover qch. (moderniser)
etw. (A) instand halten (ie, a, ä)	entretenir
etw. (A) instand setzen	remettre en état
wohnen	habiter
der Einwohner (-)	l'habitant [ville, pays]
der Hausbewohner (-)	l'habitant [immeuble]
das Wohnviertel (-), das Wohngebiet (e)	le quartier d'habitation
der Wohnblock (s)	l'immeuble d'habitation
das (Wohn)hochhaus ("er)	la tour (d'habitation)
die Villa (Villen)	la villa, la propriété
das Villenviertel (-)	le quartier résidentiel

Die Stadt liegt in einer schönen Umgebung.
Diese malerische Stadt hat 50 000 Einwohner.
mitten in der Stadt wohnen
Die Stadtzentren *veröden in den Abendstunden.
Die Geschäfte konzentrieren sich (A) im Stadtzentrum.
Hohe Bodenpreise verdrängen die Stadtbewohner in die Randzonen.
So *wandern sie aus dem Stadtzentrum ins Umland ab.
Am Stadtrand sind sogenannte Schlafstädte entstanden.
Stadtränder sind mit sozialen Einrichtungen schlechter versorgt.
Die Vororte sind ungenügend an den Nahverkehr angeschlossen.
die Verbesserung der Lebensqualität
Es wird versucht, die Städte wohnlicher zu machen.
die Instandhaltung der alten Bausubstanz
Alte Fachwerkhäuser werden nicht mehr grundsätzlich abgerissen.
Alte Stadtgebiete werden erhalten.
Durch den Verstädterungsprozeß haben sich die Wohnbedingungen verschlechtert.

+++ p. 164 (propriété et location)

Les alentours de la ville sont beaux.
Cette ville pittoresque a 50 000 habitants.
habiter dans le centre ville
Le centre des villes est déserté le soir.
Les magasins sont concentrés dans le centre ville.
Le prix élevé des terrains rejette les citadins à la périphérie.
Ainsi, ils quittent le centre ville pour les environs.
A la périphérie sont nées des villes appelées cités-dortoirs.
La périphérie des villes est moins bien pourvue en équipements sociaux.
Les banlieues sont insuffisamment desservies par les transports urbains.
l'amélioration de la qualité de la vie
On essaie de rendre les villes plus agréables à vivre.
l'entretien du patrimoine immobilier
Les vieilles maisons à colombages ne sont plus systématiquement démolies.
De vieux quartiers sont sauvegardés.
Le processus d'urbanisation a aggravé les conditions d'habitation.

Die Stadt

der Stadtplan (¨e)	le plan de la ville
sich (A) verlaufen (ie, au, äu)	s'égarer
das Verkehrsamt (¨er)	l'office du tourisme
die Hauptstraße (n)	la rue principale
die Quer-, Seitenstraße (n)	la rue transversale
breit	large
eng	étroit
die Gasse (n)	la ruelle
die Sackgasse (n)	l'impasse, le cul-de-sac
die Brücke (n)	le pont
die Unterführung (en)	le passage souterrain
der Stadtverkehr	la circulation urbaine
der Autoverkehr	la circulation automobile
parken	stationner, se garer, être garé
der Parkplatz (¨e)	le parking
das Parkhaus (¨er)	le parking (couvert)
die Parkuhr (en)	le parcmètre
der Parkscheinautomat (en, en)	l'horodateur
die Parkgebühr (en)	la taxe de stationnement
der Strafzettel (-)	la contravention
die Straßenbahn (en)	le tramway
die U-Bahn (en) [Untergrund-Bahn]	le métro
die S-Bahn (en) [Stadt-Bahn]	le *train de banlieue*
die Linie (n)	la ligne
die Haltestelle (n)	l'arrêt [bus, tramway...]
(an)halten (ie, a, ä)	s'arrêter [véhicule]
der Platz (¨e)	la place

eine Stadt besichtigen
an einer Stadtrundfahrt teil/nehmen (a, o, i)
sich (A) in einer Stadt aus/kennen (a, a)
sich (A) in einer Stadt zurecht/finden (a, u)
keinen Orientierungssinn haben
nach dem Weg fragen, sich (A) nach dem Weg erkundigen
Können Sie mir bitte eine Auskunft geben, erteilen?
Würden Sie mir bitte den Weg zum Bahnhof zeigen?
Wie *komme ich am besten zum Rathaus?
Führt diese Straße ins Zentrum?

La ville

der Marktplatz (̈e)	la place du marché
die Fußgängerzone (n)	la zone piétonne
der Bürgersteig (e), der Fußweg (e)	le trottoir
die Straßenbeleuchtung	l'éclairage public
die Straßenlaterne (n)	le lampadaire
das unbebaute Gelände (-)	le *terrain vague* (non bâti)
die Grünanlage (n)	l'espace vert
der (öffentliche) Park (s)	le jardin public
der Rasen (-)	la pelouse, le gazon
die Blumenrabatte (n)	le parterre de fleurs
gepflegt	bien entretenu, soigné
ungepflegt	mal entretenu
der Kinderspielplatz (̈e)	le terrain de jeu
der Springbrunnen (-)	la fontaine
das Schwimmbad (̈er)	la piscine
das Eisstadion (-stadien)	la patinoire
das Gebäude (-)	l'édifice, le bâtiment
das Bürohochhaus (̈er)	la tour de bureaux
die Sehenswürdigkeit (en)	la curiosité
sehenswert	qui vaut la peine d'être vu
das Denkmal (̈er)	le monument
das Mahnmal (e)	le mémorial
das Kongreßzentrum (-zentren)	le palais des congrès
die Messe (n)	la foire
das Messegelände (-)	le champ de foire
der Fernsehturm (̈e)	la tour de télévision
etw. (A) errichten	ériger, construire

visiter une ville
participer à une visite guidée de la ville
bien connaître une ville
trouver son chemin dans une ville
ne pas avoir le sens de l'orientation
demander son chemin
Pouvez-vous me donner un renseignement, s. v. p. ?
Pourriez-vous m'indiquer le chemin qui mène à la gare, s. v. p. ?
Quel est le meilleur chemin pour aller à l'hôtel de ville ?
Cette rue mène-t-elle au centre ville ?

Wo bekommt man Ansichtskarten?
einen Turm besteigen (ie, ie)
jm. auf der Straße *begegnen
die Straße überqueren, über die Straße *gehen (i, a)
über die Straße *rennen (rannte, gerannt)
geradeaus *gehen
die Straße *entlang/gehen
um die Ecke *gehen
links, rechts *ein/biegen (o, o)
*Gehen Sie an der Post vorbei!
ein gut, schlecht beleuchteter Weg
Das Betreten des Rasens ist verboten!
Eltern haften für ihre Kinder!
Hunde sind an der Leine zu führen!
Sie parken im Halteverbot.
Sie parken falsch.
(jm.) einen Strafzettel aus/schreiben (ie, ie)
Sie müssen (5 Mark) Strafe zahlen.
ein gebührenpflichtiger, gebührenfreier Parkplatz
Ausfahrt frei/halten!
die öffentlichen Verkehrsmittel benutzen
die Berliner Verkehrsbetriebe [pl.]
*Steigen (ie, ie) Sie an der nächsten Haltestelle aus!
Fußgänger und Radfahrer erhalten den Vorrang vor dem Auto.
Grünflächen und Seen wirken der Smogbildung (D) entgegen.
den Verkehrslärm mindern
Der Verkehrslärm muß in Grenzen gehalten werden.
eine verkehrsberuhigte Zone ein/richten
In Baulücken *entstehen (a, a) Spielplätze.
Die Leipziger Messe findet zweimal jährlich, zweimal im Jahr statt.

+++ p. 242 (le trafic routier), p. 254 (la sécurité routière), p. 258 (le trafic ferroviaire)

Où peut-on acheter des cartes postales ?
monter en haut d'une tour
rencontrer qn. dans la rue
traverser la rue
traverser la rue en courant
aller tout droit
longer la rue
tourner au coin de la rue
tourner à gauche, à droite
Passez devant la poste !
un chemin bien, mal éclairé
Défense de marcher sur la pelouse !
Les parents sont responsables de leurs enfants !
Les chiens doivent être tenus en laisse !
Vous êtes garé en stationnement interdit.
Vous êtes mal garé.
dresser contravention (à qn.)
Vous devez payer une amende (5 marks d'amende).
un parking payant, gratuit
Sortie de véhicules. Interdiction de stationner !
utiliser les transports en commun
la compagnie des transports de Berlin
Descendez au prochain arrêt !
Piétons et cyclistes sont prioritaires par rapport à la voiture.
Espaces verts et lacs freinent la formation de smog.
réduire le bruit causé par la circulation
Le bruit de la circulation ne doit pas dépasser certaines limites.
aménager une *zone à circulation réduite*
Des terrains de jeux sont créés sur des terrains non bâtis.
La foire de Leipzig a lieu deux fois par an.

Die Stadtverwaltung

die Verwaltung (en)	l'administration
das Verwaltungsviertel (-)	le quartier administratif
das Verwaltungsgebäude (-)	l'immeuble administratif
die Stadtverwaltung, der Magistrat (e)	la municipalité
etw. (A) verwalten	administrer qch.
der Stadtrat (¨e)	le conseil municipal [ville]
der Stadtverordnete [part. subst.], der Stadtrat (¨e)	le conseiller municipal
der Bürgermeister (-)	le maire
der stellvertretende Bürgermeister	le maire adjoint
jn. vertreten (a, e, i)	suppléer qn.
die Partnerstadt (¨e)	la ville jumelée
die Städtepartnerschaft (en)	le jumelage (entre villes)
die Behörde (n)	l'administration
das Behördenzentrum (-zentren)	le centre administratif
das Standesamt (¨er)	le bureau d'état civil
amtlich	officiel
die Geburtsurkunde (n)	l'acte de naissance
die Bescheinigung (en)	le certificat, l'attestation
etw. (A) bescheinigen	attester qch.
das Meldeamt (¨er)	le bureau de déclaration de résidence

Die Kommunalwahlen finden (a, u) alle sechs Jahre statt.
etw. (A) beraten, über etw. (A) beraten (ie, a, ä)
Welche Behörde ist für die Ausstellung eines Visums zuständig?
Dafür bin ich nicht zuständig.
eine Geburt, einen Sterbefall melden
etw. (A) beglaubigen lassen (ie, a, ä)
einen Antrag stellen, genehmigen, ab/lehnen
eine Aufenthaltsgenehmigung beantragen [v. faible]
ein Formular aus/füllen
Tragen Sie Ihre Personalien ein!
jm. einen Reisepaß aus/stellen

+++ p. 152 (la vie à deux), p. **128** (la politique sociale)

L'administration municipale

sich (A) an/melden	faire une déclaration de domicile
sich (A) ab/melden	faire une déclaration de départ
sich (A) um/melden	faire une déclaration de changement de domicile
das Ausländeramt ("er)	le bureau des étrangers
die Aufenthaltserlaubnis (se)	l'autorisation de séjour
das Paßamt ("er)	le service des passeports
der Personalausweis (e)	la carte d'identité
sich (A) aus/weisen (ie, ie)	prouver son identité, montrer ses papiers
der Reisepaß (-pässe)	le passeport
etw. (A) aus/stellen	délivrer qch.
gültig	valide
ungültig	périmé
fälschungssicher	infalsifiable
etw. (A) verlängern	prolonger qch.
das Gesundheitsamt ("er)	le service d'hygiène
das Wohnungsamt ("er)	l'office du logement
das Sozialamt ("er)	le service d'aide sociale
das Arbeitsamt	l'agence pour l'emploi
ein Amt aus/üben	exercer une fonction

Les élections municipales ont lieu tous les six ans.
délibérer sur qch.
Quelle est l'administration compétente pour la délivrance d'un visa ?
Ce n'est pas de mon ressort.
déclarer une naissance, un décès
faire certifier conforme, faire légaliser qch.
faire, satisfaire, rejeter une demande
déposer une demande d'autorisation de séjour
remplir un formulaire
Inscrivez vos nom et adresse ! Remplissez cette fiche d'identité !
délivrer un passeport à qn.

__Kommunale Dienstleistungen__

die Infrastruktur (en)	l'infrastructure
die Einrichtung (en)	l'équipement
städtisch	municipal — urbain
die Stadtwerke	les services techniques municipaux
die Müllabfuhr	l'enlèvement des ordures
der Müllwerker (-)	l'éboueur
das Müllauto (s), der Müllwagen (-)	la benne à ordures
der Schutt [sg.]	les gravas, les déblais
der Müll [sg.]	les ordures
der Sperrmüll [sg.]	les objets encombrants
die Kläranlage (n)	la station d'épuration
die Abwässer	les eaux usées
die (Trink)wasserversorgung	le service des eaux
die Stromsperre (n)	la coupure de courant

ans Wassernetz angeschlossen sein
die Stadt mit Wasser versorgen
jm. den Strom, das Gas sperren
Müll ab/laden (u, a, ä)
Die Müllabfuhr kommt zweimal pro Woche.
etw. (A) in Brand stecken
Ein Feuer ist ausgebrochen.
den Flammen zum Opfer *fallen (ie, a, ä)
Diese Fabrik ist im letzten Sommer abgebrannt.
die Feuerwehr rufen (ie, u)
einen Brand ein/dämmen
die Polizei holen
eine polizeiliche Maßnahme treffen (a, o, i), ergreifen (i, i)

+++ p. 44 (les catastrophes naturelles), p. **40** (la pollution), p. **174** (ordre public)

Les services municipaux

das Straßenbauamt	les Ponts et Chaussées
die Feuerwehr [sg.]	les pompiers [pl.]
der Feuerwehrmann (-leute)	le sapeur-pompier
das Feuer (-)	le feu
*aus/brechen (a, o, i)	se déclarer (feu)
die Flamme (n)	la flamme
der Brand (¨e)	l'incendie
brennen (brannte, gebrannt)	brûler
*ab/brennen, *nieder/brennen (a, a)	être réduit en cendres
etw. (A) löschen	éteindre qch.
qualmen, rauchen	fumer
der Qualm, der Rauch [sg.]	la fumée
die Polizei	la police
der Polizist (en, en)	le policier

être raccordé au réseau de distribution d'eau
approvisionner la ville en eau
couper le courant, le gaz à qn.
déposer des ordures
Les ordures sont enlevées deux fois par semaine.
mettre le feu à qch.
Un incendie s'est déclaré.
être la proie des flammes
Cette usine a été détruite par un incendie l'été dernier.
appeler les pompiers
circonscrire (maîtriser) un incendie
aller chercher la police
prendre une mesure policière

Post und Fernmeldewesen

die Post	la poste - le courrier
das Postamt (¨er)	le bureau de poste
der Postbeamte [adj. subst.]	l'employé des postes
der Briefträger (-)	le facteur
das Post(schließ)fach (¨er)	la boîte postale
das Postscheckkonto (-konten)	le compte chèque postal
die Postsparkasse (n)	la caisse d'épargne de la poste
sparen	épargner
das Postsparbuch (¨er)	le livret d'épargne de la poste
der Schalter (-)	le guichet
der Brief (e)	la lettre
der Briefkasten (¨)	la boîte aux lettres
der Einschreibebrief (e)	la lettre recommandée
der Eilbrief (e)	la lettre exprès
die Postkarte (n)	la carte postale
die Drucksache (n)	l'imprimé
der Umschlag (¨e)	l'enveloppe
die Anschrift (en), die Adresse (n)	l'adresse
der Empfänger (-)	le destinataire
der Absender (-)	l'expéditeur
jm. etw. (A) aus/händigen	remettre qch. à qn. (en mains propres)
persönlich	personnel(lement)
unterschreiben (ie, ie)	signer
die Postleitzahl (en)	le code postal
die Postanweisung (en)	le mandat
Geld überweisen (ie, ie)	faire un virement

die Deutsche Bundespost [sg.]
auf die Post, zur Post *gehen (i, a)
Post bekommen (a, o)
Dieser Brief muß mit 80 Pfennig frankiert (freigemacht) werden.
Geben Sie mir bitte eine Achtzigpfennigmarke (eine Achtziger)!
ein Paket zu/stellen
einen Brief ein/schreiben (ie, ie) lassen
ein Paket (e), ein Telegramm (e) auf/geben (a, e, i)
ein Päckchen senden (sandte, gesandt), schicken
per Luftpost
die Post nach/senden lassen (ie, a, ä)
jm. postlagernd schreiben (ie, ie)

Poste et télécommunications

das Porto, die Postgebühr (en)	le port, la taxe postale
die Briefmarke (n)	le timbre
die Sondermarke (n)	le timbre de collection
der Sammler (-)	le collectionneur
etw. (A) frankieren, frei/machen	affranchir qch.
der Stempel (-)	le cachet
etw. (A) stempeln, ab/stempeln	oblitérer qch.
das Telefon (e)	le téléphone
telefonieren	téléphoner
jn. an/rufen (ie, u)	téléphoner à qn., appeler qn.
die Telefonzelle (n), die Fernsprechzelle (n)	la cabine téléphonique
der Fernsprechteilnehmer (-)	l'abonné au téléphone
die Telefon-, die Rufnummer (n)	le numéro de téléphone
die Notrufnummer (n)	le numéro d'appel d'urgence
die (Telefon)leitung (en)	la ligne téléphonique
die Vorwahl(nummer)	l'indicatif
das Telefonbuch ("er)	l'annuaire
der Anrufbeantworter (-)	le répondeur téléphonique
das Telegramm (e)	le télégramme
das Fernschreiben (-)	le télex
der Bildschirmtext	le vidéotexte
der Fernkopierer (-), das Telefaxgerät (e)	le télécopieur
der Bildfernsprecher (-)	le visiophone
die Datenfernverarbeitung	la télématique

les postes fédérales allemandes
aller à la poste
recevoir du courrier
Cette lettre doit être affranchie à 80 pfennigs.
Donnez-moi un timbre à 80 pfennigs, s'il vous plaît!
livrer un paquet à domicile
envoyer une lettre en recommandé
expédier un paquet, un télégramme
envoyer un petit paquet
par avion
faire suivre le courrier
écrire à qn. poste restante

Er hat mir seine neue Anschrift brieflich, telefonisch mitgeteilt.
eine vertrauliche, amtliche Mitteilung (en)
jn. (von etw.) benachrichtigen
jm. eine Nachricht übermitteln, zu/kommen lassen (ie, a, ä)
Wann wurde der Brief abgeschickt?
einen Brief ein/werfen (a, o, i), ein/stecken
den Briefkasten leeren
den Umschlag zu/kleben, verschließen (o, o)
eine Briefmarke auf/kleben
Briefmarken sammeln
umgehend, postwendend antworten
ein Telefongespräch führen
Sie telefoniert immer stundenlang mit ihrer Freundin.
den Hörer ab/nehmen (a, o, i), auf/legen
eine Nummer wählen
Sie sind falsch verbunden.
im Telefonbuch nach/sehen (a, e, ie), nach/schlagen (u, a, ä)
die Verbindung her/stellen
Die (Telefon)verbindung ist schlecht.
Die Verbindung ist abgebrochen.
abgehört werden
nicht im Telefonbuch stehen (stand, gestanden)
Wir zahlen jeden Monat 100 Mark Telefongebühren (**Fernsprechgebühren**).

+++ p. 130 (les relations humaines), p. **44** (technologies nouvelles)

Il m'a communiqué sa nouvelle adresse par lettre, par téléphone.
une information confidentielle, officielle
avertir, prévenir, informer qn. (de qch.)
transmettre, faire parvenir une nouvelle à qn.
Quand cette lettre a-t-elle été postée?
poster une lettre, déposer une lettre dans une boîte
lever le courrier
cacheter l'enveloppe
coller un timbre
collectionner les timbres
répondre par retour du courrier
avoir une conversation téléphonique
Elle passe des heures au téléphone avec son amie.
décrocher, raccrocher le combiné
composer un numéro
Vous vous êtes trompé de numéro.
consulter l'annuaire
établir la communication
La ligne est mauvaise.
La communication a été interrompue.
être placé sur écoutes téléphoniques
être sur la liste rouge
Nous payons 100 marks de téléphone par mois.

Hotel- und Gaststättengewerbe

das Hotel (s)	l'hôtel
das Hotelzimmer (-)	la chambre d'hôtel
das Einzelzimmer (-)	la chambre simple
das Doppelzimmer (-)	la chambre double
die Empfangshalle (n)	le hall
der Empfang	l'accueil
die Rezeption (en), die Anmeldung	la réception
sich (A) an/melden,	
sich (A) ein/schreiben (ie, ie)	remplir une fiche d'hôtel
der Hotelangestellte [adj. subst.]	l'employé d'hôtel
der (Gepäck)träger (-)	le porteur
das Zimmermädchen (-)	la femme de chambre
der Service [sg.][pron. angl.]	le service, les prestations
das Restaurant (s), die Gaststätte (n)	le restaurant
das Spezialitätenrestaurant (s)	le restaurant de spécialités
die Schnellgaststätte (n),	
der Schnellimbiß	le fast-food
die Imbißstube (n)	le snack-bar
der Imbiß (Imbisse)	le snack, le repas sur le pouce
die Imbiß-, Würstchenbude (n)	le kiosque (à saucisses, etc.)
das Schnellgericht (e)	le plat préparé
der Hamburger [pron. angl.]	le hamburger
das Gasthaus (¨er), der Gasthof (¨e)	l'auberge

in einem Hotel *ab/steigen (ie, ie), übernachten
sich (A) in einem Hotel ein/quartieren
Dieses Hotel steht im Hotelverzeichnis. Es hat sogar zwei Sterne.
Ist bei Ihnen noch ein Zimmer frei? Haben Sie noch etwas frei?
Haben Sie ein Zimmer vor/bestellt? Haben Sie im voraus gebucht?
Es tut mir leid, wir sind leider ausgebucht.
Versuchen Sie es doch einmal im «Goldenen Löwen»!
Da ist auch nichts mehr frei.
Wir könnten Ihnen höchstens noch mit einem Einzelzimmer dienen.
Wäre es nicht möglich, ein zusätzliches Bett hineinzustellen?
Das würde Sie 20 Mark Aufschlag kosten.
ein Zimmer mit Bad, mit Dusche, mit fließend kaltem und warmem Wasser
Die Toilette befindet sich (A) auf der Etage.
Füllen Sie bitte das Anmeldeformular aus!

Hôtellerie et restauration

der (Gast)wirt (e)	le restaurateur, l'aubergiste
das Café (s)	le salon de thé
die Weinstube (n)	la taverne
die Kneipe (n)	le *bistrot*
die Bar (s)	le bar (d'un hôtel)
die (Nacht)bar (s), das Nachtlokal (e)	la boîte de nuit
der Barmann, der Barkeeper (-)	le barman
die Bardame (n), die Barfrau (en)	la barmaid
der Koch (¨e)	le cuisinier
der Stammkunde (n, n)	l'habitué
der Stammtisch (e)	la table des habitués
jn. bedienen	servir qn.
etw. (A) servieren	servir qch.
die Bedienung [sg.]	le service - le personnel de service
der Ober (-)	le maître d'hôtel, le serveur
der Kellner (-)	le serveur
die Kellnerin, die Serviererin (nen)	la serveuse
die Speisekarte (n)	le menu, la carte
das Gedeck (e)	le menu [à prix fixe]
die Vorspeise (n)	l'entrée
das Hauptgericht (e)	le plat principal
die Nachspeise (n), der Nachtisch (e)	le dessert
das Trinkgeld (er)	le pourboire

descendre dans un hôtel, passer la nuit à l'hôtel
s'installer dans un hôtel
Cet hôtel figure dans le guide. Il a même deux étoiles.
Avez-vous encore une chambre libre ?
Avez-vous réservé une chambre ? Avez-vous réservé à l'avance ?
Je suis désolé(e), nous sommes malheureusement complets.
Essayez-donc au « Lion d'Or » !
Ils n'ont plus rien non plus.
Nous pourrions vous proposer tout au plus une chambre individuelle.
Ne serait-il pas possible d'y mettre un lit supplémentaire ?
Cela vous coûterait un supplément de 20 marks.
une chambre avec bain, douche, eau courante froide et chaude
Les toilettes sont sur le palier.
Remplissez cette fiche, s'il vous plaît !

Das Zimmer (das Fenster) *geht auf den Hof, auf die Straße hinaus.
Das Frühstück ist im Preis inbegriffen.
Bringen Sie uns bitte das Frühstück aufs Zimmer.
Wir möchten bitte (um) halb sieben geweckt werden.
Tiere sind nicht zugelassen.
Heute mittag *gehen wir essen.
Wir haben einen Tisch für vier Personen reserviert.
Bringen Sie uns bitte die (Speise)karte!
Haben Sie schon gewählt?
Ein Gedeck zu 50 Mark, einmal à la carte und ein Kindergedeck.
Fisch ist leider alle (nicht mehr da). Fisch haben wir leider nicht mehr.
die Spezialität des Hauses
Und was darf's zu trinken sein?
Welcher Wein paßt zu diesem Gericht?
Ich würde Ihnen einen leichten Rotwein empfehlen (a, o, ie).
Herr Ober, bitte zahlen!
Fräulein, bringen Sie uns die Rechnung, bitte!
die Zeche prellen
Hat es Ihnen geschmeckt? Waren Sie mit dem Essen zufrieden?
sich (A) über das Essen, über die Bedienung beschweren
Ich hatte etwas anderes bestellt.
Das Essen ist halb kalt.
die gutbürgerliche Gaststätte, die gutbürgerliche Küche
einer Restaurantkette (D) angeschlossen sein
Die Eßgewohnheiten wandeln (ändern) sich (A).
Das Mittagessen wird durch einen schnellen, billigen Imbiß ersetzt.

+++ p. 62 (la diététique), p. 66 (repas et aliments), p. 234 (les vacances), p. 238 (les voyages)

La chambre (la fenêtre) donne sur la cour, sur la rue.
Le petit déjeuner est inclus dans le prix.
Veuillez nous apporter le petit déjeuner dans la chambre!
Nous souhaiterions être réveillés à six heures et demie.
Les animaux ne sont pas acceptés.
Ce midi, nous allons au restaurant.
Nos avons réservé une table pour quatre personnes.
Veuillez nous apporter le menu (la carte)!
Avez-vous déjà fait votre choix?
Un menu à 50 marks, un menu à la carte et un menu pour enfants.
Nous n'avons malheureusement plus de poisson.
la spécialité de la maison
Et que prendrez-vous comme boisson?
Quel est le vin qui va avec ce plat?
Je vous recommande un vin rouge léger.
Garçon, l'addition, s'il vous plaît!
Mademoiselle (Madame), l'addition s'il vous plaît!
partir sans payer [sa consommation]
Cela vous-a-t-il plu? Avez-vous apprécié votre repas?
se plaindre du repas, du service
J'avais commandé autre chose.
Le repas est à moitié froid.
le restaurant *traditionnel,* la cuisine bourgeoise
être rattaché à une chaîne de restaurants
Les habitudes alimentaires évoluent.
Le déjeuner est remplacé par un repas rapide, bon marché pris sur le pouce.

5. Der Handel

Die Handelsbeziehungen

der Handel	le commerce
der Großhandel	le commerce de gros
der Großhändler (-)	le grossiste
der Einzelhandel	le commerce de détail
der Einzelhändler (-)	le détaillant, le (petit) commerçant
der Binnenhandel	le commerce intérieur
der Außenhandel	le commerce extérieur
die Handelsbeziehungen [pl.]	les relations commerciales
das Handelsabkommen (-)	l'accord commercial
der Auftrag (¨e)	la commande
der Vertrag (¨e)	le contrat
vertraglich	contractuel
der Vertragsabschluß (¨sse)	la signature du contrat
der Vertragsbruch (¨e)	la rupture de contrat
vertragsgemäß	conforme au contrat, contractuel
vertragswidrig	non conforme au contrat
das Geschäft (e)	le magasin - le fonds - l'affaire
geschäftlich	commercial, d'affaires
der Geschäftsmann (-männer, -leute)	l'homme d'affaires, le commerçant
die Geschäftsfrau (en)	la femme d'affaires
der Kaufmann (Kaufleute) [arch.]	le commerçant

Handel treiben (ie, ie)
Er handelt mit Stoffen.
um den Preis handeln, feilschen
Handelt, statt zu reden!
gute, schlechte Geschäfte machen
Geschäft ist Geschäft.
Der Direktor ist geschäftlich unterwegs.
Er hat eine geschäftliche Verabredung.

5. Le commerce

Les relations commerciales

der (Handels)vertreter (-), der Handlungsreisende [part. subst.]	le VRP, le représentant
die Handelsvertretung (en)	la représentation commerciale
der Geschäftspartner (-)	le partenaire commercial
das Angebot (e)	l'offre
etw. (A) an/bieten (o, o)	offrir, proposer qch.
die Nachfrage	la demande
etw. (A) nach/fragen, nach etw. fragen	demander qch. [marchandise]
der Umsatz (¨e)	le chiffre d'affaires
der Absatz	la vente [l'écoulement d'un produit]
etw. (A) ab/setzen	vendre, écouler qch.
die Handelsspanne (n)	la marge bénéficiaire
die Mehrwertsteuer (n)	la TVA (taxe à la valeur ajoutée)
(die) Bilanz ziehen (o, o)	faire le bilan
die Zahlungsbilanz (en)	le bilan financier
die Handelsbilanz (en)	la balance commerciale
die Einfuhr (en), der Import (e)	l'importation
etw. (A) ein/führen, importieren	importer qch.
die Ausfuhr (en), der Export (e)	l'exportation
etw. (A) aus/führen, exportieren	exporter qch.

faire du commerce
Il fait le commerce des tissus, des étoffes.
négocier le prix, marchander
Agissez au lieu de parler!
faire de bonnes, de mauvaises affaires
Les affaires sont les affaires.
Le directeur est en voyage d'affaires.
Il a un rendez-vous d'affaires.

Es ist schwer, mit den Japanern ins Geschäft zu *kommen.
Nach langem Hin und Her sind wir handelseinig geworden.
Der Handel ist nicht zustande gekommen.
ein Geschäft, einen Vertrag ab/schließen (o, o)
einen Vertrag auf/setzen, unterzeichnen, brechen (a, o, i), erfüllen
vertraglich gebunden sein
Uns wurden 10 % des Reingewinns vertraglich zugesichert.
Die Klauseln müssen vertraglich festgelegt werden.
Laut Vertrag steht Ihnen eine geldliche Abfindung zu.
eine vertragliche Vereinbarung
Nach diesem Artikel herrscht lebhafte Nachfrage.
Alle Exemplare haben abgesetzt werden können.
Wir haben Waren im Wert von 3 Milliarden Mark umgesetzt.
Dieser Artikel hat reißenden Absatz gefunden.
Dieser hingegen ist (wird) kaum noch (nach)gefragt.
Es ergeben sich Marktlücken für neue Dienstleistungen.
Die Fehleinschätzung der Marktentwicklung führt zum Konkurs.
ein neues Produkt in den Handel (auf den Markt) bringen (a, a)
ein Medikament aus dem Handel ziehen (o, o)
Das Buch ist nicht mehr im Handel (im Handel erhältlich).
Das Angebot an Industrieprodukten nimmt zu.
das Verhältnis von Angebot und Nachfrage
Die Nachfrage übersteigt (ie, ie) das Angebot.
Sie bieten nur importierte Waren zum Kauf an.
Frankreich führt Wein nach Deutschland aus.
Die Sowjetunion führt Weizen aus den Vereinigten Staaten ein.
einer Firma einen Auftrag über die Lieferung von Maschinen geben (a, e, i)

+++ chap. **1** (le monde du travail), p. **96** (l'argent et la banque), p. **124** (l'économie)

Il est difficile de faire des affaires avec les Japonais.
Après de longues hésitations, nous avons conclu l'affaire (le marché).
L'affaire n'a pas été conclue.
conclure un marché, un contrat
rédiger, signer, rompre, exécuter un contrat
être lié par contrat
Le contrat nous garantit 10 % du bénéfice net.
Les clauses doivent être fixées par contrat.
Selon votre contrat, vous avez droit à une indemnité.
un accord contractuel
Cet article est très demandé.
Tous les exemplaires ont pu être vendus.
Nous avons vendu des marchandises pour une valeur de 3 milliards de marks.
Cet article s'est vendu comme des petits pains.
Par contre, celui-ci n'est plus guère demandé.
Des créneaux s'ouvrent pour de nouveaux services.
Une mauvaise appréciation de l'évolution du marché mène à la faillite.
mettre un nouveau produit sur le marché (lancer un nouveau produit)
retirer un médicament de la vente
Ce livre n'est plus en vente, commercialisé.
L'offre en produits industriels est en augmentation.
la loi de l'offre et de la demande
La demande dépasse l'offre.
Ils ne proposent (à la vente) que des marchandises importées.
La France exporte du vin en Allemagne.
L'Union soviétique importe du blé des États-Unis.
passer commande à une entreprise pour la livraison de machines

Marketing und Werbung

das Marketing	le marketing
die Marktforschung	la recherche commerciale
die Marktanalyse (n)	l'étude de marché
die Marktlücke (n)	le créneau
etw. (A) vermarkten	commercialiser qch.
die Vermarktung	la commercialisation
das Image [pr. angl.]	l'image de marque
die Werbung	la publicité
die Reklame (n)	la réclame
für etw. werben (a, o, i)	faire de la publicité pour qch.
die Werbeagentur (en)	l'agence de publicité
der Werbefachmann (-leute)	le publicitaire, le publiciste
der Werbeleiter (-)	le directeur de la publicité
der Werbeberater (-)	le conseiller en publicité
der Werbegraphiker (-)	le dessinateur en publicité
die Verkaufsförderung	la promotion des ventes
die Litfaßsäule (n)	la colonne Morris
das Werbeplakat (e)	l'affiche publicitaire
die Leuchtreklame (n)	l'enseigne lumineuse
die Anzeige (n), das Inserat (e), die Annonce (n)	l'annonce
das Anzeigenblatt ("er)	le journal de petites annonces
der Prospekt (e), die Werbeschrift (en)	le prospectus
etw. (A) an/preisen (ie, ie)	vanter qch.
der Sommerschlußverkauf (SSV) [sg.]	les soldes d'été
der Winterschlußverkauf (WSV) [sg.]	les soldes d'hiver
das Sonderangebot (e)	l'offre spéciale
das Werbeangebot (e)	l'offre publicitaire

eine Annonce auf/geben (a, e, i)
eine Marktanalyse durch/führen lassen
eine Werbekampagne starten
Neuerdings wird auch für Politiker Reklame gemacht.
sein Image pflegen, auf/polieren
eine werbewirksame Anzeige in die Zeitung setzen
Anzeigenblätter werden kostenlos zugestellt.
Die Werbung nimmt zu große Ausmaße an, nimmt überhand.

Marketing et publicité

die Werbeaktion (en), die Werbekampagne (n)	la campagne de publicité
die Medienwerbung	la publicité dans les médias
der Werbefunk	la publicité radiophonique
das Werbefernsehen, die Fernsehwerbung	la publicité télévisée
der Werbespot (s)	le spot publicitaire
der Werbespruch ("e), der Werbeslogan (s)	le slogan publicitaire
der Werbetext (e)	le texte publicitaire
das Werbegeschenk (e)	le cadeau publicitaire
die Schleichwerbung	la publicité clandestine
die politische Werbung	la publicité politique
die Zielgruppe (n)	la cible (la clientèle visée)
jn. zu etw. verlocken, verleiten	inciter qn. à faire qch.
jn. beschwatzen [fam.]	embobiner qn., baratiner qn.
jn. herein/legen	tromper, rouler qn.
auf etw. (A) *herein/fallen (ie, a, ä)	se laisser piéger, se faire rouler
der Verbraucher (-), der Konsument (en, en)	le consommateur
der Verbraucherschutz	la protection des consommateurs
die Verbraucherzentrale (n)	l'organisation de consommateurs
die Verbraucherzeitschrift (en)	la revue des consommateurs
jn. auf/klären	informer qn.
jn. beraten (ie, a, ä)	conseiller qn.
die Konsumgesellschaft	la société de consommation
der Konsum	la consommation
etw. (A) verbrauchen, konsumieren	consommer qch.
etw. (A) erwerben (a, o, i)	acquérir qch.

passer une annonce
faire faire une étude de marché
lancer une campagne de publicité
Depuis peu, on fait aussi de la réclame pour les hommes politiques.
soigner, améliorer son image de marque
mettre une annonce alléchante dans le journal
Les journaux de petites annonces sont distribués gratuitement.
La publicité prend de trop grandes proportions, devient envahissante.

Sämtliche Medien sind zu Werbeträgern geworden.
Werbung ist die wirtschaftliche Grundlage für viele Zeitschriften.
Was zu vermarkten ist, wird vermarktet.
Werktags sind nur 20 Minuten Werbung je Programm zugelassen.
Werbung ist ein fester Bestandteil der Verkaufsstrategie.
Die Werbewirtschaft hat ihre Umsätze erheblich gesteigert.
Die Verbraucher verlangen Aufklärung [sg.] und Beratung [sg.].
Die Werbung ist auf einen bestimmten Kundenkreis abgestimmt.
bis zu 30 % des Umsatzes für Werbung auf/wenden [v. faible]
Die Werbeausgaben belaufen sich bis auf 30 % des Umsatzes.
Luxuriöse Verpackungen regen zum Kauf an.
Ein Erzeugnis wird zum Statussymbol erklärt.
Sein Erwerb verspricht dem Käufer ein gewisses Ansehen.
sich (A) von den Verkaufsargumenten überzeugen lassen (ie, a, ä)
sich (A) zum Kauf eines Gegenstandes verlocken lassen
sich (A) zu unnützen Käufen verleiten lassen
Er hat sich (D) zwei Päckchen Waschmittel auf/reden lassen.
Konsumbedürfnisse werden erst durch Werbung geschaffen [v. fort].
Werbefachleute scheuen nicht vor unlauteren Methoden zurück.
einen Werbetrick an/wenden (wandte ... an, angewandt)
unlautere Werbung betreiben (ie, ie)
Sachliche Angaben über technische Daten *unterbleiben (ie, ie) häufig.

+++ p. **12** (entreprise et concurrence)

Tous les médias sont devenus des supports publicitaires.
La publicité est la base économique de nombreuses revues.
On vend (commercialise) tout ce qui peut l'être.
En semaine ne sont autorisées que 20 minutes de publicité par chaîne.
La publicité fait partie intégrante de la stratégie de vente.
L'industrie publicitaire a considérablement accru son chiffre d'affaires.
Les consommateurs exigent informations et conseils.
La publicité vise une clientèle précise.
consacrer jusqu'à 30 % du chiffre d'affaires à la publicité.
Les dépenses publicitaires s'élèvent jusqu'à 30 % du chiffre d'affaires.
Des emballages luxueux incitent à l'achat.
Un produit est élevé au rang de symbole social.
Son acquisition promet une certaine considération à l'acheteur.
se laisser convaincre par les arguments de vente
se laisser entraîner à l'achat d'un objet
se laisser entraîner à des achats inutiles
Il s'est laissé persuader d'acheter deux paquets de lessive.
C'est la publicité qui crée des besoins de consommation.
Les publicitaires ne reculent pas devant des méthodes malhonnêtes.
utiliser une astuce publicitaire
faire de la publicité mensongère
Des indications objectives sur des données techniques font fréquemment défaut.

Die Geschäfte

das Warenhaus, das Kaufhaus (¨er)	le grand magasin
das Warenangebot, das (Waren)sortiment	l'assortiment
die Abteilung (en)	le rayon
die Wurstabteilung (en)	le rayon charcuterie
die Obst- und Gemüseabteilung (en)	le rayon fruits et légumes
die Haushaltwarenabteilung (en)	le rayon équipement ménager
die Rolltreppe (n)	l'escalier roulant
der Fahrstuhl (¨e), der Aufzug (¨e)	l'ascenseur
die Öffnungszeiten	les heures d'ouverture
die Verkaufsstelle (-n)	le point de vente
das Fachgeschäft (e)	le magasin spécialisé
das Einkaufszentrum (-zentren)	l'hypermarché, le centre commercial
der Supermarkt (¨e)	le supermarché
der Laden (¨)	le magasin
der Selbstbedienungsladen (¨)	le self-service
sich (A) selbst bedienen	se servir
der Einkaufswagen (-)	le chariot, le caddie
der Kiosk (e)	le kiosque
der Markt (¨e)	le marché
das Reformhaus (¨er)	le magasin de produits diététiques
der Bioladen (¨)	le magasin de produits biologiques
der Bäcker (-)	le boulanger
die Bäckerei (en)	la boulangerie
die Konditorei (en)	la pâtisserie
der Konditor (Konditoren)	le pâtissier
der Fleischer, der Metzger (-)	le boucher-charcutier
die Fleischerei, die Metzgerei (en)	la boucherie-charcuterie
das Fleisch (Fleischsorten)	la viande
die Fischhandlung (en), das Fischgeschäft (e)	la poissonnerie
der Fisch (e)	le poisson
das Lebensmittelgeschäft (e)	le magasin d'alimentation, l'épicerie
das Bekleidungshaus (¨er)	le magasin de confection
die Modeboutique (n)	la boutique de mode
der Kleiderbügel	le cintre
der Kleiderhaken (-)	le portemanteau, la patère

Les magasins

das Kleidungsstück (e)	le vêtement
etw. (A) an/probieren	essayer qch. [un vêtement]
die Ankleidekabine (-n)	la cabine d'essayage
etw. (A) ändern	retoucher qch.
das Kurzwarengeschäft (e)	la mercerie
das Schuhgeschäft (e)	le magasin de chaussures
das Schmuckgeschäft (e)	la bijouterie
der Juwelierladen (¨)	la joaillerie
der Juwelier (e)	le joaillier
die Reinigung (en)	le pressing
etw. (A) reinigen lassen (ie, a, ä)	faire nettoyer qch.
das Schreibwarengeschäft (e)	la papeterie
die Buchhandlung (en)	la librairie
das Sportgeschäft (e)	le magasin de sport
der Sportartikel (-)	l'article de sport
das Möbelgeschäft (e)	le magasin de meubles
der Möbelhändler (-)	le marchand de meubles
die Drogerie (n)	la droguerie
die Farbe (n)	la peinture - la couleur
der Lack (e)	la laque
der Film (e)	la pellicule
das Fotogeschäft (e)	le magasin de photo
der Heimwerkerladen (¨)	le magasin de bricolage
die Eisenwarenhandlung (en)	la quincaillerie
das Spielwarengeschäft (e)	le magasin de jouets
die Gebrauchtwaren	les marchandises d'occasion
der Flohmarkt (¨e)	le marché aux puces
der Versandhandel	la vente par correspondance
das Versandhaus (¨er)	la maison de vente par correspondance
der Katalog (e)	le catalogue
etw. (A) bestellen	commander qch.
die Bestellung (en)	la commande
der Bestellschein (e)	le bon de commande
etw. (A) liefern	livrer qch.
die Lieferung (en)	la livraison
der Lieferschein (e)	le bon de livraison

ein Geschäft führen, leiten
ein neues Geschäft eröffnen
Das Geschäft ist durchgehend geöffnet.
Der Laden schließt (o, o) um achtzehn Uhr.
das Ladenschlußgesetz ein/halten (ie, a, ä)
Mein Vater hat ein Geschäft, ist Einzelhändler.
Er ist Inhaber eines gutgehenden Geschäfts.
Wir kaufen meistens im Supermarkt ein.
Dieses Kaufhaus bietet eine große Auswahl an (von) Wurst an.
Beim Gemüsehändler ist das Obst [sg.] am frischsten.
Brot kaufe ich nur beim Bäcker.
Darf ich die Hose an/probieren?
Haben Sie sie eine Nummer größer, kleiner?
Sie ist mir zu eng, zu weit.
Sie sitzt (paßt) wie angegossen.
einem Kunden mehrere Modelle vor/legen
Welche Schuhgröße haben Sie?
etw. (A) in die Reinigung bringen (brachte, gebracht)
In einer Drogerie werden nicht nur Farben und Lacke verkauft.
Dort werden auch Filme und Kosmetikartikel angeboten.
etw. (A) per Katalog bestellen
Die Lieferung *erfolgt innerhalb (G) weniger Tage, eines Monats.

+++ p. 72 (l'habillement), p. 176 (le jardin), p. **30** (la pêche)

diriger un magasin
inaugurer un nouveau magasin
Le magasin est ouvert sans interruption.
Le magasin ferme à dix-huit heures.
respecter la législation sur la fermeture des magasins
Mon père est commerçant.
Il est propriétaire d'un commerce florissant.
Le plus souvent, nous faisons nos courses au supermarché.
Ce magasin offre un grand choix de charcuterie.
C'est chez le marchand de légumes que les fruits sont les plus frais.
J'achète toujours mon pain chez le boulanger.
Puis-je essayer ce pantalon ?
Est-ce que vous l'avez dans la taille au-dessus, en dessous ?
Il est trop étroit, trop large pour moi.
Il me va comme un gant.
présenter plusieurs modèles à un client
Du combien chaussez-vous ?
donner qch. à nettoyer
Dans une droguerie, on ne vend pas que des peintures et des laques.
On y vend aussi des pellicules et des produits cosmétiques.
commander qch. par correspondance
La livraison sera effectuée sous quelques jours, sous un mois.

Die Einkäufe

der Einkauf (¨e)	l'achat, la course
das Schaufenster (-)	la vitrine
etw. (A) dekorieren	décorer qch.
die Auslage (n)	l'étalage
die Ware (n)	la marchandise
etw. (A) aus/stellen	exposer qch.
der Renner (-)	le succès [produit qui se vend bien]
der Ladenhüter (-)	le rossignol [produit invendable]
der Geschäftsleiter (-), -führer (-)	le gérant
etw. (A) verkaufen	vendre qch.
der Verkäufer (-)	le vendeur
die Verkäuferin (nen)	la vendeuse
jn. bedienen	servir qn.
etw. (A) kaufen	acheter qch.
der Käufer (-)	l'acheteur
der Kunde (n, n)	le client
die Kundin (nen)	la cliente
die Kundschaft, der Kundenkreis	la clientèle
das Regal (e)	l'étagère
der Preis (e)	le prix
das Preisschild (er), das Etikett (en)	l'étiquette
kosten	coûter
es ist teuer	cela coûte cher
billig	bon marché
preisgünstig, preiswert	à un prix avantageux
fehlerhaft	qui présente un défaut
die Qualität (en)	la qualité
die Beanstandung (en)	la réclamation
etw. (A) beanstanden	faire une réclamation à propos de qch.

Einkäufe machen, erledigen
Werden Sie schon bedient?
Was darf es sein? Womit kann ich (Ihnen) dienen?
Haben Sie sonst noch einen Wunsch?
Brauchen Sie sonst noch etwas?
Haben Sie schon die neuen Computer hereinbekommen?
Wir haben keine mehr auf Lager, sie sind schon ausverkauft.
Das Buch ist leider vergriffen.

Les achats

der Umtausch	l'échange
etw. (A) um/tauschen	échanger qch.
der Ersatz [sg.]	le remplacement
etw. (A) ersetzen	remplacer qch.
die Gebrauchsanweisung (en), die Bedienungsanleitung (en)	le mode d'emploi
der Kundendienst (e)	le service après-vente
die Kasse (n)	la caisse
etw. (A) bezahlen	payer qch.
etw. (A) an/zahlen	verser un acompte, des arrhes
(in) bar bezahlen	payer (au) comptant
das Kleingeld [sg.]	la monnaie
die Rate (n)	la traite
Raten (ab)/zahlen	payer des traites
das Leasing [pr. angl.]	le crédit-bail, le leasing
die Rechnung (en)	la facture
die Quittung (en), der Beleg (e)	le reçu
der Kassenzettel (-)	le ticket de caisse
etw. (A) ein/packen	envelopper qch., faire un paquet
etw. (A) gut verpacken	bien emballer qch.
das Paket (e)	le paquet
das Geschenkpaket (e)	le paquet cadeau
das Geschenkpapier	le papier cadeau
die Plastiktüte (n)	le sac en plastique
die Schachtel (n)	la boîte
der Karton (s) [pr. franç.]	le carton
etw. (A) zurück/legen	mettre qch. de côté
sich (A) für etw. entscheiden (ie, ie)	se décider pour qch.
etw. (A) erwerben (a, o, i)	acquérir qch.
die Anschaffung (en)	l'acquisition, l'achat

faire des courses
Est-ce qu'on vous sert déjà?
Que désirez-vous? Qu'y a-t-il pour votre service?
Désirez-vous autre chose?
Vous faut-il autre chose?
Avez-vous déjà reçu les nouveaux ordinateurs?
Nous n'en avons plus en stock, ils sont déjà tous vendus.
Ce livre est malheureusement épuisé [livres, revues, etc.].

Fragen Sie doch morgen noch einmal nach!
Wir bekommen morgen Ware. Wir werden morgen beliefert.
im Schaufenster liegen (a, e), stehen (stand, gestanden)
nach dem Preis fragen, sich (A) nach dem Preis erkundigen
sich (D) etw. (A) an/schaffen [v. faible]
Dieses Modell *geht gut.
Die Preise *sinken (a, u), *steigen (ie, ie).
Dieser Artikel ist preisgesenkt, im Preis herabgesetzt.
etw. (A) zu herabgesetztem Preis erwerben (a, o, i)
an der Kasse Schlange stehen (a, a)
Er hat versucht, einen Preisnachlaß (Rabatt) auszuhandeln.
Der Geschäftsführer ließ nicht mit sich handeln.
Die Ware ist nicht ausgezeichnet.
Ich habe leider kein Kleingeld.
Ich habe es leider nicht klein, nicht passend.
Geld heraus/geben (a, e, i)
Soll ich Ihnen die Flasche in eine Tüte stecken?
Es wird immer mehr auf Raten, auf Kredit gekauft.
Wir müssen monatlich 50 Mark ab/zahlen, ab/stottern [familier].
Stellen Sie mir bitte eine Quittung aus!
eine Rechnung begleichen (beglich, beglichen)
ein unentschlossener, wählerischer Kunde
Diese Marke führen wir nicht.
etw. (A) gebraucht, aus zweiter Hand kaufen
Diese Ware ist vom Umtausch ausgeschlossen.
Ich möchte mein Geld zurück.
Ich kann Ihnen das Geld nicht zurück/geben (a, e, i).
Dieser Artikel wird nur gegen Vorlage des Kassenzettels umgetauscht.
Die Garantie *läuft in einem Monat ab.
Wegen Inventur geschlossen.

+++ p. **100** (les nombres), p. **104** (poids et mesures)

Revenez demain!
Nous serons livrés demain.
être en vitrine
demander le prix
s'acheter qch. [un bien durable]
Ce modèle se vend bien.
Les prix baissent, augmentent.
Cet article est à prix réduit.
acquérir qch. à prix réduit
faire la queue à la caisse
Il a essayé de négocier un rabais.
On ne pouvait pas marchander avec le gérant.
Le prix n'est pas marqué sur cet article.
Je n'ai malheureusement pas de monnaie.
Je n'ai malheureusement pas la monnaie.
rendre la monnaie
Voulez-vous que je vous mette la bouteille dans un sac?
On achète de plus en plus à crédit.
Nous devons rembourser 50 marks par mois.
Faites-moi un reçu, s'il vous plaît!
régler une facture
un client indécis, difficile
Nous ne faisons (vendons) pas cette marque.
acheter qch. d'occasion
Cet article ne peut pas être échangé.
J'aimerais être remboursé.
Je ne peux pas vous rembourser.
Cet article n'est échangé que contre présentation du ticket de caisse.
La garantie expire dans un mois.
Fermé pour cause d'inventaire.

Geld und Baukwesen

das Geld [sg.]	l'argent
das Bargeld	l'argent liquide
die Gelder [pl.]	les fonds, les capitaux
die Währung (en)	la monnaie [franc, mark, etc.]
die Mark [invariable]	le mark
der Pfennig (- ou e)	le pfennig
der Schweizer Franken (-)	le franc suisse
das Geldstück (e)	la pièce de monnaie
der Geldschein (e)	le billet de banque
der Hundertmarkschein (e)	le billet de cent marks
das Kreditinstitut (e)	l'établissement financier
die Bank (en)	la banque
die Kreditbank (en)	la banque de crédit
der Bankangestellte [part. subst.]	l'employé de banque
der Schalter (-)	le guichet
das Bankkonto (-konten)	le compte en banque
das Girokonto [pr. franç]	le compte courant
der Scheck (s)	le chèque
der Reisescheck (s)	le chèque de voyage
das Scheckheft (e)	le carnet de chèques
die Kreditkarte (n)	la carte de crédit
der Geldautomat (en, en)	le distributeur de billets
der (Konsumenten)kredit	le crédit à la consommation
zahlungsfähig	solvable
zahlungsunfähig	non solvable
sparen	épargner
das Bausparkonto (-konten)	le compte-épargne logement

Die Deutsche Bundesbank hat ihren Sitz in Frankfurt am Main.
Sie wacht über das Geldmengenwachstum.
Geld verdienen
Geld im Lotto gewinnen (a, o)
seinen Lebensunterhalt verdienen
Er hat sich (D) sein Brot im Schweiße seines Angesichts verdient.
Das Geld reicht zum Leben (aus).
Geld aus/geben (a, e, i)
sich (D) etwas (A) für sein Geld kaufen
Das kann ich mir nicht leisten [sens propre et figuré].

L'argent et la banque

die Sparkasse (n)	la caisse d'épargne
das Spar(kassen)buch ("er)	le livret (de caisse) d'épargne
die Ersparnisse [pl.]	les économies
die Spareinlage (n)	le dépôt d'épargne
die Zinsen [pl.]	les intérêts
der Zinssatz ("e)	le taux d'intérêt
der Tresorraum ("e)	la salle des coffres
der Tresor (e), der Safe (s) [pr. angl.]	le coffre
die Kapitalanlage (n)	le placement financier
Geld an/legen	placer de l'argent, faire un placement
lukrativ	lucratif
investieren	investir
der Anleger (-), der Investor (-toren)	l'investisseur
die Immobilien [pl.]	l'immobilier
die Börse (n)	la Bourse
die Aktie (n)	l'action
das Wertpapier (e)	la valeur, le titre (boursier)
die Obligation (nen)	l'obligation
die (staatliche) Anleihe (n)	l'emprunt (d'État)
der (Börsen)kurs (e)	le cours (de la Bourse)
fallend	en baisse
steigend	en hausse
sich (A) bereichern	s'enrichir
das Vermögen (-)	la fortune
Vermögen haben	avoir de la fortune
jn. ruinieren	ruiner qn.
der Spekulant (en, en)	le spéculateur

Le siège social de la Banque fédérale allemande est à **Francfort-sur-le-Main**.
Elle contrôle l'augmentation de la masse monétaire.
gagner de l'argent (par son travail)
gagner de l'argent au loto
gagner sa vie
Il a gagné son pain à la sueur de son front.
L'argent suffit pour vivre.
dépenser de l'argent
s'acheter qch. avec son argent
Je ne peux pas me le permettre.

Geld bei sich haben
auf die Bank (zur Bank) *gehen (i, a)
ein Konto eröffnen, überziehen (o, o), sperren
Wieviel hast du auf deinem Konto?
jm. Auskunft über den Kontostand erteilen
Das Konto trägt, bringt vier Prozent Zinsen.
Geld auf ein Konto ein/zahlen, von einem Konto ab/heben (o, o)
Geld überweisen (ie, ie)
das Geld nach/zählen
sich (A) verzählen
Geld wechseln
Die Mark der DDR (Ost-Mark) ist nicht frei konvertierbar.
einen (ungedeckten) Scheck aus/stellen
Der Scheck ist noch nicht eingelöst worden.
jm. einen Blankoscheck geben (a, e, i)
einen Kredit auf/nehmen (a, o, i)
Die Kreditkarte ist ein praktisches Zahlungsmittel.
Wer hat heutzutage keinen Kredit laufen?
jm. einen Kredit für die Anschaffung von Konsumgütern gewähren
sich (A) über die Zahlungsfähigkeit (Bonität) eines Kunden erkundigen
Er ist mit den Ratenzahlungen in Verzug *geraten (ie, a, ä).
einen Bausparvertrag ab/schließen (o, o)
Lebensversicherung und Sparbuch sind die wichtigsten Formen
  der Kapitalanlage.
Das Sparbuch ist wegen der Verfügbarkeit des Kapitals beliebt.
Im Gegensatz zu den Aktien besteht beim Sparbuch kein Risiko.
jm. eine Spareinlage mit zweijähriger Laufzeit an/bieten (o, o)
eine festverzinsliche Obligation (en)
Am Ende der Laufzeit werden Obligationen zum Nennwert zurückgekauft.
sein Geld in Immobilien (Grundstücke, Gebäude) an/legen
Er lebt von den Zinsen seines Vermögens.
an der Börse spekulieren
Die Kurse *steigen (ie, ie), *fallen (ie, a, ä), *bleiben (ie, ie) stabil.
Die Dividenden werden jährlich, vierteljährlich ausgeschüttet.
hohe Verluste erleiden (erlitt, erlitten)
einen Gewinn erzielen
Ist ein neuer Börsenkrach zu befürchten?
Wird sich (A) der Börsenkrach auf den Arbeitsmarkt aus/wirken?
Das Interesse der Investoren an dieser Anlageform ist gering.
Eine Hortung der Bargeldbestände im Ausland ist zu verzeichnen.
Hohe Zinssätze sollen eine Kapitalflucht verhindern.
die Abschaffung des Bankgeheimnisses

+++ P. 124 (l'économie)

avoir de l'argent sur soi
aller à la banque
ouvrir, dépasser, bloquer un compte
Combien as-tu sur ton compte?
renseigner qn. sur la position d'un compte
Ce compte est rémunéré à quatre pour cent (d'intérêts).
verser de l'argent sur un compte, retirer de l'argent d'un compte
virer de l'argent, faire un virement
recompter l'argent
mal compter
changer de l'argent
Le mark de la RDA (mark est) n'est pas librement convertible.
faire un chèque (sans provision)
Le chèque n'a pas encore été encaissé.
donner à qn. un chèque en blanc [sens figuré]
faire un emprunt
La carte de crédit est un moyen de paiement pratique.
Qui de nos jours n'a pas un crédit en cours?
accorder à qn. un crédit pour l'achat de produits de consommation
se renseigner sur la solvabilité d'un client
Il est en retard dans le paiement de ses traites.
ouvrir un plan d'épargne-logement
L'assurance-vie et le livret d'épargne sont les deux principales formes
 de placement.
Le livret est apprécié en raison de la disponibilité du capital.
Contrairement aux actions, le livret d'épargne ne présente aucun risque.
proposer à qn. un placement d'épargne sur une durée de deux ans
une obligation à taux fixe
À échéance, les obligations sont rachetées à leur valeur nominale.
placer son argent dans l'immobilier (terrains, immeubles)
Il vit de ses rentes.
spéculer (jouer) en bourse, boursicoter
Les cours sont en hausse, en baisse, sont stables.
Les dividendes sont versés annuellement, trimestriellement.
subir des pertes importantes
réaliser un bénéfice
Faut-il craindre un nouveau krach boursier?
Le krach boursier aura-t-il des conséquences sur le marché du travail?
L'intérêt porté par les investisseurs à cette forme de placement est faible.
On peut noter une accumulation (thésaurisation) d'argent liquide à l'étranger.
Des taux d'intérêt élevés ont pour objectif d'empêcher une fuite des capitaux.
la levée du secret bancaire

Die Zahlen

Nombres cardinaux	Nombres ordinaux	Adverbes
eins	der, die, das erste	erstens
zwei	der zweite	zweitens
drei	der dritte	drittens
vier	der vierte	viertens
fünf	der fünfte	fünftens
sechs	der sechste	sechstens
sieben	der siebte	siebtens
acht	der achte	achtens
neun	der neunte	neuntens
zehn	der zehnte	zehntens
elf	der elfte	elftens
zwölf	der zwölfte	zwölftens
dreizehn	der dreizehnte	...
vierzehn	der vierzehnte	
fünfzehn	der fünfzehnte	
sechzehn	der sechzehnte	
siebzehn	der siebzehnte	
achtzehn	der achtzehnte	
neunzehn	der neunzehnte	
zwanzig	der zwanzigste	zwanzigstens
einundzwanzig	der einundzwanzigste	
siebenundzwanzig	der siebenundzwanzigste	
dreißig	der dreißigste	
vierzig	der vierzigste	
fünfzig	der fünfzigste	
sechzig	der sechzigste	
siebzig	der siebzigste	
achtzig	der achtzigste	
neunzig	der neunzigste	
hundert	der hundertste	
hunderteins	der hunderterste	
hundertzwei	der hundertzweite	
tausend	der tausendste	
zweitausend	der zweitausendste	

Les nombres

die Million (en)	le million
die Milliarde (en)	le milliard
die Billion (en)	le billion
die Zahl (en)	le nombre
die Grundzahl (en)	le nombre cardinal
die Ordnungszahl (en)	le nombre ordinal
zählen	compter
rechnen	calculer
sich (A) verrechnen	se tromper (en calculant)
(un)gerade	(im)pair
die Anzahl	la quantité, le nombre
die Bruchzahl (en), der Bruch ("e)	la fraction
die Hälfte (n)	la moitié
das Drittel (-)	le tiers
das Viertel (-)	le quart
das Zwanzigstel (-)	le vingtième [1/20]
etw. (A) verdoppeln	doubler qch.
das Doppelte	le double
etw. (A) verdreifachen	tripler qch.
das Dreifache	le triple
addieren	additionner
2 und (plus) 3 macht (ist) 5	2 et 3 font 5
subtrahieren, ab/ziehen (o, o)	soustraire
10 weniger (minus) 3 macht (ist) 7	10 moins 3 font 7
multiplizieren	multiplier
5 mal 4 macht (ist) 20	5 fois 4 font 20
dividieren, teilen (durch)	diviser (par)
100 durch 25 macht (ist) 4	100 (divisé) par 25 font 4
ein paar Kirschen	quelques cerises
ein Paar Schuhe	une paire de chaussures
14 Tage	15 jours
das Dutzend (-) Eier	la douzaine d'œufs
etwa 20 Jahre	une vingtaine d'années

der erstbeste, erste beste	le premier venu
der allererste	le tout premier
zuerst, zuletzt *an/kommen (a, o)	arriver le premier, le dernier
Wilhelm II. (der Zweite)	Guillaume II
zum ersten Mal, das erste Mal	pour la première fois
halb Frankreich	la moitié de la France
anderthalb, eineinhalb	un et demi
zu zweit *kommen (a, o)	venir à deux
zu dritt, zu viert, zu fünft	à trois, à quatre, à cinq

mindestens	au moins
höchstens	tout au plus
auf allen vieren *gehen (i, a)	marcher à quatre pattes
allerlei Obst	toutes sortes de fruits
Hunderte, Tausende von Menschen	des centaines, des milliers d'hommes
Einmal ist keinmal.	Une fois n'est pas coutume.
Aller guten Dinge sind drei.	Jamais deux sans trois.
jede zweite Woche	une semaine sur deux
alle vierzehn Tage	tous les quinze jours

Maße und Gewichte

das Maß (e)	la mesure
etw. (A) messen (a, e, i)	mesurer qch.
die Maßeinheit (en)	l'unité de mesure
die Länge	la longueur
lang	long
die Breite	la largeur
breit	large
die Höhe	la hauteur
hoch	haut
die Tiefe	la profondeur
tief	profond
die Dicke	l'épaisseur
dick	épais
die Dichte	la densité
dicht	dense
der (das) Meter (-)	le mètre
der Millimeter (-)	le millimètre
der Zentimeter (-)	le centimètre
der Kilometer (-)	le kilomètre
die Meile (n)	le mille, la lieue
die Entfernung (en)	la distance
weit	loin
die Nähe	la proximité
nah	proche
die Strecke (n)	la distance à parcourir, le trajet
das Gewicht (e)	le poids
wiegen (o, o)	peser
schwer	lourd
leicht	léger
das Netto-, Bruttogewicht	le poids net, brut
die Waage (n)	la balance
genau	précis, exact
ungenau	imprécis, inexact

Poids et mesures

ungefähr, etwa, zirka, circa (ca.)	environ, à peu près
das Gramm	le gramme
das Kilogramm, das Kilo	le kilogramme
das Pfund	la livre
die Tonne (n)	la tonne
die Oberfläche (n)	la surface
flach	plat
die Fläche (n)	la superficie
das Flächenmaß (e)	la mesure de surface
der Quadratmeter (-)	le mètre carré
senkrecht	vertical
waagerecht	horizontal
das Volumen	le volume
der Kubikmeter (-)	le mètre cube
der (das) Liter (-)	le litre
leer	vide
voll	plein
etw. (A) füllen	remplir qch.
etw. (A) leeren	vider qch.
*über/laufen (ie, au, äu)	déborder
hohl	creux
die Menge (n)	la quantité
viel	beaucoup
wenig	peu
genug	suffisant
reichlich	copieux
(aus/)reichen	suffire
die Norm (en)	la norme
etw. (A) normen	normaliser, standardiser qch.
die Deutschen Industrie-Normen	les normes industrielles allemandes
die DIN-Norm (en)	la norme DIN
das Format (e)	le format

Wie lang, breit, hoch, tief ist...?
Der Tisch ist einen Meter lang und 75 Zentimeter breit.
Wieviel wiegst du?
Ich habe mindestens zwei Kilo zugenommen, abgenommen.
etw. (A) nach Gewicht verkaufen
Ich hätte gern anderthalb, eineinhalb Pfund Obst.
Das ist ein bißchen zu viel.
Das ist mir zu wenig.
Er ist fast zwei Meter groß.
Der Turm ist zirka zwanzig Meter hoch.
Die nächste Schule befindet (a, u) sich in einer Entfernung von etwa 15 Kilometern.
Ich lege diese Strecke jeden Morgen mit dem Fahrrad zurück.
Wie weit ist es von hier bis zum Zentrum?
Es ist nicht weit, höchstens zehn Minuten zu Fuß.
ein DIN-A-4-Blatt

Quelle est la longueur, la largeur, la hauteur, la profondeur de...?
La table mesure un mètre de long sur 75 centimètres de large.
Combien pèses-tu?
J'ai pris, perdu au moins deux kilos.
vendre qch. au poids
Je voudrais une livre et demie de fruits.
C'est un peu trop.
Cela ne me suffit pas. C'est trop peu.
Il mesure presque deux mètres.
La tour a une hauteur d'environ vingt mètres.
L'école la plus proche se trouve à une distance d'environ 15 kilomètres.
Je fais ce trajet à bicyclette tous les matins.
Quelle est la distance d'ici jusqu'au centre?
Ce n'est pas loin, dix minutes à pied tout au plus.
une feuille au format A 4

6. Politik und Wirtschaft

Der Staat

der Staat (en)	l'État
staatlich	d'État, *national, gouvernemental*
das Staatsgebiet (e)	le territoire national
die Staatsangehörigkeit	la citoyenneté, la nationalité
der Staatsangehörige [adj. subst.]	le ressortissant
der (Staats)bürger (-)	le citoyen
der Mitbürger (-)	le concitoyen
der Landsmann (Landsleute)	le compatriote
der Patriotismus	le patriotisme
der Patriot (en, en)	le patriote
patriotisch	patriotique
die Nation (en)	la nation
national	national
das Volk (¨er)	le peuple
die Heimat	le pays natal
das Vaterland (¨er)	la patrie
die Nationalflagge (n)	le drapeau national
etw. (A) hissen	hisser qch.
der Nationalist (en, en)	le nationaliste
nationalistisch	nationaliste
das Ausland [sg.]	les pays étrangers, l'étranger
der Ausländer (-)	l'étranger [personne]
ausländisch	étranger
ausländerfeindlich	xénophobe
die Ausländerfeindlichkeit	la xénophobie
der Staatenlose [adj. subst.]	l'apatride
die Verfassung (en)	la constitution
der Verfassungsstaat (en)	l'État constitutionnel
verfassungswidrig	anticonstitutionnel
das System (e)	le système
parlamentarisch	parlementaire
der Parlamentarier (-)	le parlementaire

6. Politique et économie

L'État

die Gewaltenteilung	la séparation des pouvoirs
der Rechtsstaat (en)	l'État de droit
die Demokratie (n)	la démocratie
der Demokrat (en, en)	le démocrate
demokratisch	démocratique
die Freiheit (en)	la liberté
frei	libre
die Regierungsform (en),	
das Regime (s) [pr. franç.]	le régime
die Republik (en)	la république
die Volksrepublik (en)	la république populaire
republikanisch	républicain
der Republikaner (-)	le républicain
die Monarchie (n)	la monarchie
monarchistisch	monarchiste
über etw. (A) herrschen	régner sur qch.
jn. ab/setzen	révoquer qn.
ab/danken	abdiquer
die Diktatur (en)	la dictature
der Totalitarismus	le totalitarisme
totalitär	totalitaire
der Polizeistaat	l'État policier
das Bürgerrecht (e)	le droit civique
der Bürgerrechtler (-)	le défenseur des droits civiques
das Exil	l'exil
der Flüchtling (e)	le réfugié, le fugitif
der Asylant (en, en)	le réfugié [demandeur d'asile]
jn. zurück/weisen (ie, ie)	refouler qn.
die öffentliche Hand [sg.]	les pouvoirs publics
der öffentliche Dienst	la fonction publique
die Behörde (n)	l'autorité, l'administration
der Ombudsmann	le médiateur

Die Demokratie beruht auf der Gewaltenteilung.
die gesetzgebende Gewalt, die Legislative
die ausführende, vollziehende Gewalt, die Exekutive
die richterliche Gewalt, die Judikative
Das entspricht (widerspricht) dem Sinn der Verfassung.
die demokratische Grundordnung unserer Gesellschaft gefährden
das Recht auf freie und öffentliche Meinungsäußerung gewährleisten
Der französische Nationalfeiertag wird am 14. Juli begangen.
die Nationalhymne an/stimmen
Das Wiederaufleben des Nationalismus ist beängstigend.
die französische Staatsangehörigkeit durch Heirat erwerben (a, o, i)
sich (A) in Deutschland einbürgern lassen
ausgebürgert werden (die Ausbürgerung)
Ihm ist die Staatsangehörigkeit aberkannt worden.
sich (A) illegal in einem Land auf/halten (ie, a, ä)
jn. aus/weisen (ie, ie), jn. des Landes verweisen (ie, ie)
jn. in den Westen ab/schieben (o, o)
in die Bundesrepublik *aus/wandern, *flüchten [*fliehen (o, o)]
ins Exil *gehen (i, a), im Exil leben
um politisches Asyl nach/suchen, bitten (a, e)
jm. Asyl gewähren
im Untergrund arbeiten
für die Menschenrechte *ein/treten (a, e, i)
politische Häftlinge frei/lassen (ie, a, ä)
in den öffentlichen Dienst *treten (a, e, i)
auf einer Behörde beschäftigt *sein

+++ p. **170** (les minorités), p. **194** (l'information), p. **266** (féodalisme), p. **270** (Église et État), p. **282** (l'Allemagne après 1945)

La démocratie repose sur la séparation des pouvoirs.
le pouvoir législatif
le pouvoir exécutif
le pouvoir judiciaire
Cela est conforme (est contraire) à l'esprit de la Constitution.
mettre en danger la structure démocratique de notre société
garantir la liberté d'expression
La fête nationale française est célébrée le 14 juillet.
entonner l'hymne national
La renaissance du nationalisme est inquiétante.
acquérir la nationalité française par mariage
se faire naturaliser allemand
être déchu de sa nationalité
Il a été déchu de sa nationalité.
séjourner clandestinement dans un pays
expulser qn.
expulser qn. vers l'Ouest
émigrer, se réfugier en République fédérale
s'exiler, être exilé (vivre en exil)
demander l'asile politique
accorder l'asile à qn.
travailler dans la clandestinité
militer pour les droits de l'homme
libérer des prisonniers politiques
entrer dans la fonction publique
travailler dans une administration

Das demokratische Leben

die Politik	la politique
der Politiker (-)	l'homme politique, le politicien
politisch	politique
der Gegner (-)	l'adversaire, l'opposant
beliebt	apprécié, aimé, populaire
unbeliebt	impopulaire
umstritten	controversé
glaubwürdig	crédible
korrupt	corrompu
die Korruption	la corruption
das Parlament (e)	le Parlement
der Parlamentsausschuß (¨sse)	la Commission parlementaire
die Nationalversammlung	l'Assemblée nationale
etw. (A) auf/lösen	dissoudre qch.
die Auflösung (en)	la dissolution
vorzeitig	anticipé
der Senat	le Sénat
das Abgeordnetenhaus (¨er)	la Chambre des députés
der Abgeordnete [adj. subst.]	le député
die Fraktion (en)	le groupe parlementaire
die Legislaturperiode (n)	la législature
*zusammen/treten (a, e, i)	se réunir
tagen	siéger
die Tagung (en)	la session
die Sitzung (en)	la réunion, la séance
über etw. (A) beraten (ie, a, ä)	délibérer sur (de) qch.
etw. (A) besprechen (a, o, i)	discuter de qch.
etw. (A) beschließen (o, o)	décider qch.
etw. (A) an/nehmen (a, o, i)	adopter qch.
etw. (A) ab/lehnen	repousser qch.
etw. (A) bekannt/machen	publier qch., rendre public
die Partei (en)	le parti
das Mitglied (er)	le membre, l'adhérent
die Organisation (en)	l'organisation
der Beitrag (¨e)	la cotisation
die Spende (n)	le don
etw. (A) spenden	faire don de qch.
das Statut (en)	le statut
etw. (A) gründen	fonder, créer qch.

La vie démocratique

das Gremium (Gremien)	la commission
die Strömung (en)	le courant
die Weltanschauung (en)	la conception du monde
die Ideologie (n)	l'idéologie
ideologisch	idéologique
pluralistisch	pluraliste
gemäßigt	modéré
liberal	libéral
radikal	radical
der Faschismus	le fascisme
der Faschist (en, en)	le fasciste
faschistisch	fasciste
der Neonazi (s)	le néo-nazi
neonazistisch	néo-nazi
rechtsradikal	d'extrême droite
die äußerste Rechte [adj. subst.]	l'extrême droite
die Rechte [adj. subst.]	la droite
die Rechtspartei (en)	le parti de droite
konservativ	conservateur
der Konservative [adj. subst.]	le conservateur
bürgerlich	*bourgeois*
der Zentrist (en, en)	le centriste
fortschrittlich, progressiv	progressiste
die Linke [adj. subst.]	la gauche
die Linkspartei (en)	le parti de gauche
sozialistisch	socialiste
der Sozialist (en, en)	le socialiste
der Sozialismus	le socialisme
kommunistisch	communiste
der Kommunist (en, en)	le communiste
der Kommunismus	le communisme
marxistisch	marxiste
der Marxismus-Leninismus	le marxisme-léninisme
der Linksextremismus	le gauchisme
der Linksextremist (en, en), der Linksradikale [adj. subst.]	le gauchiste
extremistisch	extrémiste
der Grüne [adj. subst.]	le Vert
der Anarchismus	l'anarchisme

Die Parteien wirken an der politischen Meinungsbildung (D) mit.
die politische Gesinnung, Einstellung des Einzelnen
Er ist linksgesinnt, er ist ein Rechter [adj. subst.].
ein fortschrittlich eingestellter Mensch
in (A) eine Partei *ein/treten, einer Partei (D) *bei/treten (a, e, i)
mit einer Partei sympathisieren
ein leidenschaftlicher Anhänger einer Idee *sein
politisch aktiv *sein, politisch engagiert *sein
das aktive Parteimitglied
aus der Partei *aus/treten (trat ... aus, ausgetreten, er tritt ... aus)
aus der Partei ausgeschlossen werden
zu einem außerordentlichen Parteitag (e) *zusammen/treten (a, e, i)
eine Sitzung eröffnen, ab/halten (ie, a, ä), unterbrechen (a, o, i)
über einen Beschluß ab/stimmen
in der Opposition *bleiben (ie, ie), verharren
sich (A) auf eine parlamentarische Mehrheit stützen
Die Opposition ist zahlenmäßig zu schwach.
einen neuen Kurs ein/schlagen (u, a, ä)
auf einen neuen politischen Kurs *ein/schwenken
Der Trend *läuft (ie, au, äu) zur Zeit nach rechts, nach links.
die Kluft zwischen den Fronten überbrücken
kein Blatt vor den Mund nehmen (a, o, i)
nach viertägiger Debatte
in einen Finanzskandal verwickelt *sein
Er hat dadurch an Ansehen verloren.
aus politischen Gründen

+++ p. **136** (politique allemande), p. **174** (manifestations), p. **220** (l'opinion)

Les partis contribuent à l'élaboration des opinions politiques.
l'opinion politique de chacun
Il est de gauche, il est de droite.
une personne ayant des opinions progressistes
adhérer à un parti
être sympathisant d'un parti
être un ardent partisan (défenseur) d'une idée
militer (politiquement)
le militant politique
quitter le parti
être exclu du parti
se réunir en congrès extraordinaire
ouvrir, tenir, interrompre une réunion (une séance)
procéder au vote sur une motion
rester dans l'opposition
s'appuyer sur une majorité parlementaire
L'opposition est arithmétiquement trop faible.
changer de cap
changer de ligne politique
Actuellement, la tendance est à droite, à gauche.
surmonter le clivage entre les camps
ne pas mâcher ses mots
après un débat de quatre jours
être mêlé à un scandale financier
Sa réputation s'en est trouvée affectée.
pour des raisons politiques

Die Wahlen

die Wahl (en)	l'élection, le vote, le scrutin
das Wahlrecht	le droit de vote
jn. wählen	voter pour qn., élire qn.
gegen etw. stimmen	voter contre qch.
der Wahlkampf ("e), die Wahlkampagne (n)	la campagne électorale
(un)fair	(dé)loyal
demagogisch	démagogique
die Demagogie	la démagogie
der Demagoge (en, en)	le démagogue
das Wahllokal (e)	le bureau de vote
der Wahlzettel (-)	le bulletin de vote
die Wahlurne (n)	l'urne
der Wahlkreis (e)	la circonscription électorale
das Verhältniswahlrecht	le scrutin proportionnel
das Mehrheitswahlrecht	le scrutin majoritaire
der Volksentscheid (e)	le référendum
die Präsidentschaftswahl (en)	l'élection présidentielle
die Parlamentswahlen	les élections législatives
das Wahlbündnis (se)	l'alliance électorale
der erste Wahlgang ("e)	le premier tour de scrutin

seine Kandidatur an/kündigen, zurück/ziehen (o, o)
einen Kandidaten auf/stellen
sich (A) zur Wahl stellen
für ein Amt kandidieren
Der Wahlkampf war von gegenseitigen Beleidigungen geprägt.
öffentlich dazu auf/rufen (ie, u), für eine Partei zu wählen
eine Wählerinitiative zugunsten (G) einer Partei gründen
mit jm. ein Wahlbündnis *ein/gehen (i, a), schließen (o, o)
seine Stimme ab/gehen (a, e, i)
sich (A) der Stimme (G) enthalten (ie, a, ä)
In Belgien besteht Wahlpflicht.
eine demoskopische Untersuchung vor/nehmen (a, o, i)
Nach der letzten Hochrechnung liegt er an der Spitze.
Nach dem vorläufigen Ergebnis liegt er weit zurück.
die absolute, relative Mehrheit der Stimmen
eine knappe, überwältigende Mehrheit
einstimmig gewählt *werden

Les élections

der zweite Wahlgang	le deuxième tour
die Stichwahl (en)	le scrutin de ballotage
der Kandidat (en, en)	le candidat
der Konkurrent (en, en)	le concurrent
landesweit	à l'échelon national
die Stimme (n)	la voix, le suffrage
gültig	valable
ungültig	nul
die Wahlbeteiligung (en)	la participation électorale
sich (A) an etw. (D) beteiligen	participer à qch.
die Fünfprozentklausel (n)	la clause des 5 %
das (Wahl)ergebnis (se)	le résultat (du scrutin)
die Hochrechnung (en)	l'estimation
der Gewinn (e)	le gain, la progression
der Verlust (e)	la perte, le recul
das Meinungsforschungsinstitut (e)	l'institut de sondage
die Meinungsumfrage (n)	le sondage
das Mandat (e)	le mandat
der Sitz (e)	le siège
die Sitzverteilung (en)	la répartition des sièges
stimmberechtigt *sein	avoir le droit de vote

annoncer, retirer sa candidature
présenter un candidat
se présenter (se porter candidat) aux élections
se porter candidat à une fonction, un poste
La campagne électorale a été marquée par des injures réciproques.
appeler publiquement à voter pour un parti
créer un comité de soutien à (au profit de) un parti
conclure une alliance électorale avec qn.
voter (mettre son bulletin dans l'urne)
s'abstenir
En Belgique, le vote est obligatoire.
réaliser une enquête (un sondage) d'opinion
Selon la dernière estimation, il est en tête.
Selon le résultat provisoire, il a beaucoup de retard.
la majorité absolue, relative des suffrages
une faible majorité, une majorité écrasante
être élu à l'unanimité

in der Minderheit *sein
Splitterparteien können zum Zünglein an der Waage *werden.
das Rennen um die Präsidentschaft gewinnen (a, o)
zum Präsidenten, zum Abgeordneten, zum Senator gewählt *werden
Die Rechte hatte zwei Kandidaten aufgestellt.
Die letzten Wahlen haben eindeutige Machtverhältnisse geschaffen [v. fort].
die meisten Stimmen auf seinen Namen vereinigen
ein gutes Image [pron. angl.] haben
Diese Partei ist im Aufwind.
einen eindrucksvollen Sieg erringen (a, u)
über (A) eine Zweidrittelmehrheit verfügen
eine harte Niederlage erleiden (erlitt, erlitten, er erleidet)
einen Machtwechsel vor/bereiten, herbei/führen
an Boden gewinnen (a, o)
hohe Gewinne verzeichnen
mit 45 Prozent der Stimmen *unterliegen (a, e)
10 Prozent ein/büßen
schwere Verluste (Einbußen) hin/nehmen (a, o, i)
die politische Landschaft verändern
Er hat seinen Wahlkreis an die Opposition ab/geben müssen.
auf eine neuerliche Kandidatur verzichten
Die Gewinner *brachen (a, o, i) in Jubel aus.

+++ p. **224** (la discussion), p. **228** (accord et refus)

être minoritaire
Les groupuscules peuvent faire pencher la balance.
gagner la course présidentielle
être élu président, député, sénateur
La droite avait présenté deux candidats.
Les dernières élections ont clarifié les rapports de forces.
rassembler la majorité des voix sur son nom
avoir une bonne image de marque
Ce parti a le vent en poupe.
remporter une victoire éclatante
disposer de la majorité des deux tiers
subir une sévère défaite
préparer, entraîner un changement de gouvernement
gagner du terrain
enregistrer des gains importants
perdre avec 45 % des voix
perdre 10 %
subir des pertes sévères
changer le paysage politique
Il a dû céder sa circonscription à l'opposition.
renoncer à une nouvelle candidature
Les vainqueurs ont éclaté de joie.

Regierung, Haushalt und Gesetze

das Staatsoberhaupt (¨er)	le chef de l'État
der Staatsmann (¨er)	l'homme d'État
die Regierung (en)	le gouvernement
regieren	gouverner
das Kabinett (e)	le cabinet, le gouvernement
der Ministerrat	le Conseil des ministres
die Ministerratssitzung (en)	la réunion du Conseil des ministres
statt/finden (a, u)	se dérouler, avoir lieu
die Macht	le pouvoir
der Amtsinhaber (-)	le titulaire (d'une fonction)
der Vorgänger (-)	le prédécesseur
*ab/treten, *zurück/treten (a, e, i)	démissionner
der Nachfolger (-)	le successeur
der Minister (-)	le ministre
das Ministeramt (¨er)	le portefeuille ministériel
das Ministerium (Ministerien)	le ministère
der Innenminister (-)	le ministre de l'Intérieur
der Außenminister (-)	le ministre des Affaires étrangères
der Finanzminister (-)	le ministre des Finances
der Staatssekretär (e)	le secrétaire d'État
der Etat (s) [pr. franç.], der Haushalt (e)	le budget
die Einnahme (n)	la recette
die Ausgabe (n)	la dépense
der Fiskus	le fisc
das Finanzamt (¨er)	la perception, le service des impôts
Steuern ein/ziehen (o, o)	percevoir des impôts

Das Elysee ist der Amtssitz des Präsidenten.
Der Premier wird vom Präsidenten berufen.
Matignon ist der Amtssitz des Premierministers (des Premiers).
die Regierung bilden, unterstützen, bekämpfen, stürzen
Die neugebildete Regierung nimmt ihre Arbeit auf.
Es ist der Regierung (D) gelungen, das Haushaltsdefizit zu verringern.
angesichts (G) der Bedrohung durch den Rechtsradikalismus
Es muß vermieden werden, die Franzosen gegeneinander auszuspielen.
eine radikale, behutsame, abenteuerliche Politik betreiben (ie, ie)
eine Maßnahme an/kündigen, treffen (a, o, i)

Gouvernement, budget et lois

die Steuer (n)	l'impôt
steuerfrei	exonéré d'impôts, détaxé
(in)direkt	(in)direct
die Lohn- und Einkommenssteuer (n)	l'impôt sur les revenus
die Umsatzsteuer (n)	l'impôt sur le chiffre d'affaires
die Grundsteuer (n)	l'impôt foncier
die Steuerreform (en)	la réforme fiscale
der Steuerzahler (-)	le contribuable
die Steuererklärung (en)	la déclaration d'impôts
die Steuerhinterziehung (en)	la fraude fiscale
das Steuerparadies (e)	le paradis fiscal
das Haushaltsdefizit (e)	le déficit du budget
der Spielraum (¨e)	la marge de manœuvre
der Gesetzgeber (-)	le législateur
das Gesetz (e)	la loi
gesetz(es)widrig	contraire à la loi, illicite
die Gesetzesvorlage (n)	le projet de loi
etw. (A) aus/arbeiten	élaborer qch.
das Mißtrauensvotum	la motion de censure
die Auslandsverschuldung	la dette extérieure
offiziell	officiel(lement)
offiziös	officieux(-sement)
der Zentralismus	le centralisme
die Dezentralisierung	la décentralisation
etw. (A) dezentralisieren	décentraliser qch.
die *Region (en)*	la région [France]
der Kanton (e)	le canton [Suisse]

Le Palais de l'Élysée est le siège du président.
Le Premier ministre est nommé par le président.
Matignon est le siège du Premier ministre.
former, soutenir, combattre, renverser le gouvernement
Le nouveau gouvernement se met au travail.
Le gouvernement a réussi à réduire le déficit budgétaire.
en raison de la menace de l'extrême droite
Il faut éviter de diviser les Français.
mener une politique radicale, prudente, aventureuse
annoncer, prendre une mesure

Reformen in Angriff nehmen (a, o, i)
ein wichtiges Ministeramt inne/haben
ein Minister ohne Geschäftsbereich
ein sensibles Ressort (Ministerium) leiten
jn. zum Rücktritt auf/fordern
seines Amtes (G) enthoben *werden
die Vertrauensfrage stellen
dem Parlament einen Gesetzesentwurf vor/legen, unterbreiten
ein Gesetz vor dem Parlament ein/bringen (brachte ... ein, eingebracht)
ein Gesetz, den Haushalt verabschieden
ein Projekt zur Abstimmung bringen (brachte, gebracht)
überstimmt *werden
in Kraft *treten (trat, getreten, er tritt)
eine Verordnung außer Kraft setzen
die Steuern senken, erhöhen
Jeden Monat führen wir 15 % unseres Lohnes an Steuern ab.
Steuern hinterziehen (hinterzog, hinterzogen)
die Unkosten von der Steuer ab/setzen
Tabakwaren werden ziemlich hoch besteuert.
die Verschuldung so gering halten (ie, a, ä) wie möglich
die Hälfte der Einnahmen verschlingen (a, u)
auf (A) heftige Kritik seitens (G) der Opposition *stoßen (ie, a, ö)
der Regierung (D) etwas (A) vor/werfen (a, o, i)
sich (A) für etw. aus/sprechen (a, o, i)
die parlamentarischen Rechte aus/höhlen
das Grundübel der Arbeitslosigkeit bekämpfen

mettre en œuvre des réformes
être titulaire d'un portefeuille important
un ministre sans portefeuille
diriger un ministère sensible, difficile
demander la démission de qn.
être démis de ses fonctions
poser la question de confiance
faire une proposition de loi au Parlement
présenter une loi devant le Parlement
voter une loi, le budget
mettre un projet aux voix
être mis en minorité
entrer en vigueur
abolir un décret
baisser, augmenter les impôts
Nous donnons chaque mois 15 % de notre salaire au fisc.
frauder le fisc
déduire les frais des impôts
Les tabacs sont assez lourdement taxés.
maintenir l'endettement aussi bas que possible
absorber la moitié des recettes
se heurter à de vives critiques de la part de l'opposition
reprocher qch. au gouvernement
se prononcer en faveur de qch.
réduire les droits du Parlement
lutter contre le fléau du chômage

Die Wirtschaft

die Wirtschaft (en)	l'économie
wirtschaftlich, ökonomisch	économique
wettbewerbs-, konkurrenzfähig	compétitif
die Volkswirtschaft (en)	l'économie nationale
die Weltwirtschaft	l'économie mondiale
die (freie) Marktwirtschaft	l'économie de marché
der Kapitalismus	le capitalisme
kapitalistisch	capitaliste
die Planwirtschaft	l'économie planifiée
der Plan (¨e)	le plan
der Fünfjahr(es)plan	le plan quinquennal
die Planerfüllung (en)	l'exécution du plan
dirigistisch	dirigiste
bürokratisch	bureaucratique
der Protektionismus	le protectionnisme
protektionistisch	protectionniste
der Liberalismus	le libéralisme
etw. (A) liberalisieren	libéraliser qch.
die Technokratie	la technocratie
der Technokrat (en, en)	le technocrate
technokratisch	technocratique
die Maßnahme (en)	la mesure
der Wirtschaftsbereich (e)	le secteur économique
die Konjunktur (en)	la conjoncture
sich (A) erholen	s'améliorer
die Konjunkturspritze (n)	la mesure de relance
das Wachstum	la croissance
die Wachstumsrate (n)	le taux de croissance
das Nullwachstum	la croissance zéro
die (Wirtschafts)flaute (n), die Rezession (en)	la récession
sich (A) fort/setzen	se poursuivre
das Bruttosozialprodukt (BSP)	le produit national brut (PNB)

L'économie

die Mehrwertsteuer (n)	la TVA (taxe à la valeur ajoutée)
die Investition (en)	l'investissement
investieren	investir
*an/steigen (ie, ie)	être en augmentation, augmenter
stagnieren	stagner
die Inflation	l'inflation
die Inflationsrate (n)	le taux d'inflation
inflationistisch	inflationniste
die Tendenz (en)	la tendance
die Kaufkraft	le pouvoir d'achat
der Preis- und Lohnstopp	le blocage des prix et des salaires
der Kaufkraftverlust	la perte de pouvoir d'achat
der Lebensstandard	le niveau de vie
die Kapitalflucht	la fuite des capitaux
der Binnenmarkt (¨e)	le marché intérieur
der Außenhandel	le commerce extérieur
die Handelsbilanz (en)	la balance commerciale
der Schutzzoll (¨e)	la barrière douanière
etw. (A) stützen, subventionieren	subventionner qch.
die Zentralbank (en)	la banque centrale
die Devise (n)	la devise
der Devisenmarkt (¨e)	le marché des devises
die Währung (en)	la monnaie
die Währungskrise (n)	la crise monétaire
stark	fort
schwach	faible
etw. (A) auf/werten	réévaluer qch.
etw. (A) ab/werten	dévaluer qch.
die Geldentwertung	l'érosion monétaire
floaten [pr. angl.]	flotter [monnaie]
die Prognose (n)	la prévision
der Fachmann (-leute)	l'expert, le spécialiste
das Wirtschaftsabkommen (-)	l'accord économique

die Wirtschaftspolitik koordinieren
eine weltweite Konjunkturkrise
Die wirtschaftliche Lage hat sich (A) verschlechtert, verbessert.
Eine günstigere Entwicklung zeichnet sich ab.
tief in der Rezession stecken
eine Stagnation der Investitionen beklagen
die Wirtschaft, die Produktion an/kurbeln, wieder/beleben
mit einem Wirtschaftswachstum von 3 % rechnen
ein Wachstum von 0,9 % (null Komma neun Prozent) verzeichnen
Das Wachstum hat sich (A) im letzten Quartal verlangsamt.
eine niedrige, hohe, galoppierende Inflationsrate beobachten
weniger sparen, um den Lebensstandard zu halten
die Defizite im Haushalt und im Außenhandel senken
durch den schwachen Dollar Erlöse ein/büßen
sein Geld in der Schweiz an/legen
Schutzzölle ein/führen, ab/schaffen [v. faible]
Einfuhrbeschränkungen über japanische Autos verhängen
ein bilateraler Handelsvertrag
eine aktive, passive Handelsbilanz auf/weisen (ie, ie)
Die UdSSR wickelt ein Drittel ihres Außenhandels mit dem Westen ab.
Die Arbeiter haben den Plan übererfüllt.
mit einer Angleichung der Gesellschaftssysteme rechnen
Sind wir die Besten oder bilden wir das Schlußlicht?

+++ p. 32 (problèmes Nord-Sud), chap. **1** (le monde du travail), chap. **5** (le commerce)

coordonner la politique économique
une crise conjoncturelle mondiale
La situation économique s'est aggravée, améliorée.
Une évolution plus favorable se dessine.
être en pleine récession
déplorer une stagnation des investissements
relancer l'économie, la production
prévoir une croissance économique de 3 %
enregistrer une croissance de 0,9 %
La croissance s'est ralentie au dernier trimestre.
observer une inflation peu élevée, élevée, galopante
épargner moins pour maintenir son niveau de vie
réduire les déficits du budget et du commerce extérieur
enregistrer des pertes en raison de la faiblesse du dollar
placer son argent en Suisse
instaurer, abolir des barrières douanières
instaurer des quotas d'importation pour les voitures japonaises
un accord commercial bilatéral
avoir une balance commerciale excédentaire, déficitaire
L'URSS réalise un tiers de son commerce extérieur avec les pays de l'Ouest.
Les ouvriers ont dépassé les objectifs du plan.
prévoir un rapprochement des systèmes (sociopolitiques)
Sommes-nous les meilleurs ou sommes-nous la lanterne rouge?

Die Sozialpolitik

die Sozialpolitik	la politique sociale
der Wohlfahrtsstaat	l'État-providence
die Sozialversicherung (en)	la Sécurité sociale
das Versicherungswesen	le secteur de l'assurance, les assurances
die Sozialhilfe	l'aide, l'assistance sociale
der Sozialarbeiter (-)	le travailleur social
die Sozialarbeiterin (nen)	l'assistante sociale
die Sozialleistung (en)	la prestation sociale
die Sozialschicht (en)	la couche sociale
das (Mindest)einkommen (-)	le revenu (minimum)
einkommensschwach	à faible revenu
benachteiligt	défavorisé
etw. (A) beantragen [v. faible]	solliciter, demander qch.
etw. (A) beanspruchen	prétendre à, revendiquer qch.
jm. etw. (A) gewähren	attribuer, allouer qch. à qn.
etw. (A) bekommen (a, o), etw. (A) empfangen (i, a, ä)	recevoir, percevoir qch.
der Empfänger (-)	l'allocataire, le bénéficiaire
die Lage (n), die Situation (en)	la situation
die Notlage (n)	la situation de détresse
die Arbeitslosigkeit	le chômage
arbeitslos sein	être au chômage
der Arbeitslose [adj. subst.]	le chômeur
die Arbeitslosenversicherung	l'assurance-chômage
das Arbeitslosengeld (er)	l'indemnité de chômage
etw. (A) kürzen, ab/bauen	réduire, abaisser qch.
drastisch	draconien, de façon draconienne

La politique sociale

die Kürzung (en), der Abbau	la réduction, la baisse
etw. (A) streichen (i, i)	supprimer qch.
die Streichung (en)	la suppression
etw. (A) erhöhen	augmenter qch.
die Erhöhung (en)	l'augmentation
die Sparmaßnahme (n)	la mesure d'économie
die (energische) Sparpolitik	la politique d'austérité
das Sparprogramm (e)	le plan d'austérité
die Kosten [pl.]	les dépenses, les frais
etw. (A) erstatten	rembourser qch.
privat	privé
sich (A) versichern	s'assurer
das Gesundheitswesen	le système de santé
die Krankenversicherung (en)	l'assurance-maladie
die Krankenkasse (n)	la caisse maladie
der Beitrag (¨e)	la cotisation
etw. (A) (be)zahlen	payer qch.
der Beitragssatz (¨e)	le taux de cotisation
das Kindergeld [sg.]	les allocations familiales
die Rentenversicherung (en)	l'assurance-retraite
die Altersversorgung	la prise en charge des personnes âgées
etw. (A) gewährleisten	garantir, assurer qch.
die Rente (n)	la retraite, la pension de retraite
die Pension (en) [fonctionnaires]	la retraite, la pension de retraite
Rente beziehen (o, o)	percevoir une retraite
die Zusatzrente (n)	la retraite complémentaire
freiwillig	volontaire, bénévole
der freiwillige Helfer (-)	la personne bénévole, le bénévole

die soziale Gerechtigkeit fördern
die Verpflichtung haben, den Bedürftigen zu helfen
auf Mißstände (A) hin/weisen (ie, ie)
ungenügend mit sozialen Einrichtungen versorgt sein
soziale Maßnahmen zugunsten (G) alleinstehender Mütter
Die Sozialpolitik trägt zum sozialen Frieden bei.
Der Beitragssatz beträgt 5 % (fünf Prozent) des Bruttolohns.
Die Regierung plant beträchtliche Einsparungen.
die Kostenexplosion im Gesundheitswesen ein/dämmen
bei der Allgemeinen Ortskrankenkasse (AOK) versichert sein
Wer *kommt für die Krankenhauskosten auf?
eine kostenlose ärztliche und zahnärztliche Versorgung
Bagatell-Arzneimittel werden nicht mehr (zurück)erstattet.
Die Ausgaben müssen gebremst werden.
Die Rentenversicherung ist eine Pflichtversicherung für Angestellte.
Altersrente kann schon mit 57 Jahren beantragt werden.
sich (A) in einer außergewöhnlichen Lage befinden (a, u)
Sozialhilfe wird von den Sozialämtern der Städte gewährt.
Sozialhilfe empfangen (i, a, ä)
ein Gefühl der Nutzlosigkeit hervor/rufen (ie, u)
Arbeitslosenunterstützung beziehen (o, o)
Viele verzichten auf ihren Anspruch auf Sozialhilfe.
Zu hohe Sozialabgaben beeinträchtigen die Wettbewerbsfähigkeit.
unter dem Existenzminimum leben
Experten warnen vor wachsender Armut.
den sozialen Abstieg verhindern
Der Anstieg der Sozialkosten hat strukturelle und konjunkturelle Gründe.

+++ p. 122 (les âges de la vie), p. **20** (le marché du travail), p. **24** (droits et conflits sociaux), p. **166** (les groupes sociaux), p. **170** (marginaux)

promouvoir la justice sociale
avoir l'obligation d'aider les nécessiteux, les indigents
attirer l'attention sur des situations anormales
être insuffisamment pourvu en équipements sociaux
des mesures sociales au profit des mères élevant seul leur(s) enfant(s)
La politique sociale contribue à la paix sociale.
Le taux de cotisation est de 5 % du salaire brut.
Le gouvernement prévoit des économies substantielles.
limiter (endiguer) l'explosion des dépenses de santé
être assuré à la Caisse primaire (locale) d'assurance maladie
Qui prend en charge les frais d'hôpital ?
une prise en charge des soins médicaux et dentaires
Les médicaments de confort ne sont plus remboursés.
Il faut freiner les dépenses.
L'assurance-retraite est obligatoire pour les employés.
On peut déposer une demande de pension de retraite dès l'âge de 57 ans.
se trouver dans une situation exceptionnelle
L'aide sociale est allouée par les services municipaux d'aide sociale.
bénéficier de l'aide sociale
provoquer un sentiment d'inutilité
percevoir l'allocation-chômage
De nombreuses personnes renoncent à bénéficier de l'aide sociale.
Des charges sociales trop élevées portent atteinte à la compétitivité.
vivre en dessous du minimum vital
Les experts mettent en garde contre un accroissement de la pauvreté.
éviter la déchéance sociale
L'accroissement des dépenses sociales a des causes structurelles et conjoncturelles.

Extremismus und Terrorismus

der Extremismus	l'extrémisme
der Terror	la terreur
der Terrorismus	le terrorisme
der Terrorist (en, en)	le terroriste
terroristisch	terroriste
etw. (A) hervor/rufen (ie, u)	provoquer qch., donner naissance à qch.
*an/wachsen (u, a, ä)	s'accroître
antidemokratisch	antidémocratique
die Radikalisierung	la radicalisation
die Gewalt	la violence
die Gewaltanwendung	le recours à la violence
jn. mit etw. bedrohen	menacer qn. de qch.
die Bedrohung	la menace
das Attentat (e)	l'attentat
der Terroranschlag ("e)	l'attentat terroriste
der Brandanschlag ("e)	l'incendie (volontaire)
der Mordanschlag ("e)	l'attentat [contre la vie de qn.]
eine Bombe legen	poser une bombe
der Bombenleger (-)	le poseur de bombe
die Autobombe (n)	la voiture piégée
die Ermordung (en)	l'assassinat
der Mörder (-)	le meurtrier, l'assassin

Die Wirtschaftskrise gilt (a, o, i) als eine der Ursachen des Extremismus.
Das Ausländerproblem kann dabei auch eine Rolle spielen.
Nicht jedes extremistische Verhalten [sg.] hat einen politischen Gehalt.
Ist der Extremismus tatsächlich rückläufig?
der Haß auf (A) Ausländer, Demokratie und Pluralismus
Gewalt an/wenden (wandte ... an, angewandt)
an einer gewalttätigen Aktion (D) teil/nehmen (a, o, i)
eine Waffe, eine Pistole zücken
Niemand hat sich (A) zu diesem Attentat bekannt.
die Verantwortung für eine Entführung übernehmen (a, o, i)
ein hohes Lösegeld fordern
erpreßt *werden
sich (A) erpressen lassen (ie, a, ä)
sich (A) als Vermittler ein/schalten
auf die Bedingungen (A) der Entführer *ein/gehen (i, a)

Extrémisme et terrorisme

jn. ermorden	assassiner qn.
jn. entführen, kidnappen	enlever, kidnapper qn.
etw. (A) entführen	détourner qch.
der Entführer (-)	le ravisseur
die Entführung (en)	l'enlèvement, le rapt
die Flugzeugentführung (en)	le détournement d'avion
der Luftpirat (en, en)	le pirate de l'air
jn. fesseln	ligoter qn.
jn. knebeln	bâillonner qn.
das Lösegeld	la rançon
die Erpressung	le chantage
jn. erpressen	faire du chantage à qn.
die Geisel (n)	l'otage
die Geiselnahme (n)	la prise d'otages
der Geiselnehmer (-)	le preneur d'otages
jn. frei/lassen (ie, a, ä)	libérer qn.
der Freischärler (-)	le franc-tireur, le guerillero
der Guerillero (s) [pr. esp.]	le guerillero
die Maschinenpistole (n)	la mitraillette
das Automatikgewehr (e)	l'arme automatique
der Staatsstreich (e)	le coup d'État
der Putsch (e)	le putsch
putschen	faire un putsch

La crise économique est considérée comme l'une des causes de l'extrémisme.
Le problème de l'immigration peut aussi y jouer un rôle.
Tous les comportements extrémistes n'ont pas de contenu politique.
L'extrémisme est-il véritablement en baisse (en recul)?
la haine des étrangers, de la démocratie et du pluralisme
avoir recours à la violence
participer à une action violente
dégainer (une arme, un pistolet)
Personne n'a revendiqué cet attentat.
revendiquer un enlèvement, un détournement
exiger une rançon élevée
subir un chantage
céder au chantage
jouer le rôle de médiateur, intervenir comme médiateur
répondre aux exigences des ravisseurs

weiteres Blutvergießen vermeiden (ie, ie)
in das Cockpit *ein/dringen (a, u)
eine Maschine kapern, in seine Gewalt bringen (brachte, gebracht)
das Flugzeug zur Kursänderung zwingen (a, u)
jn. zur Geisel nehmen (a, o, i)
jn. mit einer Handgranate bedrohen
ein Bombe *hoch/gehen lassen (ie, a, ä)
ein Attentat auf eine Botschaft verüben
einen Preis auf den Kopf des Entführers aus/setzen
Die Polizei umstellte, stürmte das Haus.
Der Präsident *fiel einem Mordanschlag zum Opfer.
Der neueste Sprengstoffanschlag hat drei Todesopfer gefordert.
Abscheu und Empörung aus/lösen
keine unmittelbare Bedrohung für den Staat dar/stellen
die PLO (Palästinensische Befreiungsorganisation)
die RAF (Rote-Armee-Fraktion)
die IRA (Irische Republikanische Armee)
die baskische Untergrundbewegung ETA

+++ chap. 8 (la société)

éviter une nouvelle effusion de sang
pénétrer dans la cabine de pilotage
intercepter, se rendre maître d'un appareil
forcer l'avion à changer de cap
prendre qn. en otage
menacer qn. avec une grenade
faire exploser une bombe
commettre un attentat contre une ambassade
mettre à prix la tête du ravisseur
La police encercla, prit la maison d'assaut.
Le président a été victime d'un attentat.
Le dernier attentat à l'explosif (plasticage) a fait trois morts.
provoquer (une réaction de) dégoût et (d')indignation
ne pas représenter une menace directe pour l'État
l'OLP (Organisation de libération de la Palestine)
La Fraction armée rouge
l'IRA (Armée républicaine irlandaise)
le mouvement basque clandestin ETA

Deutsche Politik

Bundesrepublik Deutschland

der Bund, der Bundesstaat	l'État fédéral, la Fédération
der Föderalismus	le fédéralisme
das (Bundes)land ("er)	le «Land», la *Région*
der Landtag (e)	le Parlement *régional*
die Landtagswahl (en)	les élections *régionales*
Bayern	la Bavière
Baden-Württemberg	le Bade-Wurtemberg
das Saarland	la Sarre
Rheinland-Pfalz	la Rhénanie-Palatinat
Nordrhein-Westfalen	la Rhénanie du Nord-Westphalie
Hessen	la Hesse
Niedersachsen	la Basse-Saxe
Bremen	Brème
Hamburg	Hambourg
Schleswig-Holstein	le Schleswig-Holstein
das Grundgesetz	la Loi fondamentale (Constitution)
etw. (A) ein/halten (ie, a, ä)	respecter qch.

Deutsche Demokratische Republik

die Volkskammer	la Chambre du peuple
der Staatsrat	le Conseil d'État
das Zentralkomitee	le Comité central
das Politbüro	le Bureau politique

Die Bundesrepublik besteht aus elf Bundesländern einschließlich (G) West-Berlins.
Die zwei deutschen Staaten gehören gegensätzlichen Systemen an.
Der Bundestag ist das Parlament der Bundesrepublik Deutschland.
Er wird auf vier Jahre vom Volk gewählt.
Der Bundesrat besteht aus Vertretern der Bundesländer.

Politique allemande

République fédérale d'Allemagne

die Einhaltung	le respect
der Bundespräsident (en, en)	le président fédéral
der Bundeskanzler (-)	le chancelier fédéral
der Vizekanzler (-)	le vice-chancelier
die Regierungskoalition (en)	la coalition gouvernementale
der Ministerpräsident (en, en)	le Premier ministre (d'un «Land»)
der Christdemokrat (en, en)	le chrétien-démocrate
der Freidemokrat (en, en)	le libéral-démocrate
der Sozialdemokrat (en, en)	le social-démocrate
der Kultusminister (-)	le ministre de l'Éducation
bundesweit	à l'échelon fédéral
das Bundesverfassungsgericht	le Conseil constitutionnel fédéral
über etw. (A) wachen	veiller sur qch.
der Bundeshaushalt (e)	le budget fédéral
die Bürgerinitiative (n)	l'action (organisée à l'initiative de citoyens), l'association, le comité de défense

République démocratique allemande

der Generalsekretär	le secrétaire général [du parti]
der Bezirk (e)	le district
volkseigen	propriété du peuple, *national*
die Planung	la planification

La République fédérale est composée de onze «Länder»
y compris Berlin-Ouest.
Les deux États allemands appartiennent à des systèmes opposés.
Le «Bundestag» est le Parlement de la République fédérale d'Allemagne.
Il est élu pour quatre ans au suffrage universel.
Le «Bundesrat» est composé des représentants des «Länder».

Die Zustimmung des Bundesrats kann erforderlich sein.
das Bundesministerium für innerdeutsche Beziehungen
ein Tauziehen zwischen Bund und Ländern
In der Bildungspolitik sind die Länder souverän.
die SPD (Sozialdemokratische Partei Deutschlands)
die FDP (Freie Demokratische Partei)
die CDU (Christlich-Demokratische Union)
die CSU (Christlich-Soziale Union)
Die CDU ist mit der FDP ein Bündnis eingegangen.
Die Grünen *kamen erstmals 1983 in den Bundestag.
Eine Sprengung der Koalition steht bevor.
das konstruktive Mißtrauensvotum
Diese Bestimmung verstößt (ie, o, ö) gegen das Grundgesetz.
die Handelsbeziehungen mit der DDR aus/bauen
der innerdeutsche, deutsch-deutsche Handel
beiderseits (G) der Mauer
Die DDR ist in 15 Bezirke aufgeteilt (Ost-Berlin inbegriffen).
die SED (Sozialistische Einheitspartei Deutschlands)
Die SED ist die Partei der Arbeiterklasse.
Außer (D) der SED zählt die DDR vier weitere Parteien.
die FDJ (Freie Deutsche Jugend)
die LPG (Landwirtschaftliche Produktionsgenossenschaft)
der VEB (der Volkseigene Betrieb)
In der Volkskammer sind Parteien und Massenorganisationen vertreten.

+++ p. **282** (l'Allemagne après 1945)

L'accord du «Bundesrat» peut être nécessaire.
le ministère fédéral des Affaires interallemandes
une partie de bras de fer entre la Fédération et les «Länder»
La politique d'éducation relève de la souveraineté des «Länder».
le SPD (parti social-démocrate d'Allemagne)
le FDP (parti libéral-démocrate)
la CDU (Union chrétienne-démocrate) [n'existe pas en Bavière!]
la CSU (Union chrétienne-sociale) [n'existe qu'en Bavière!]
La CDU s'est alliée avec le FDP.
Les Verts sont entrés pour la première fois au «Bundestag» en 1983.
Un éclatement de la coalition se dessine.
la motion de censure constructive
Cette disposition n'est pas conforme à la Loi fondamentale.
développer les relations commerciales avec la RDA
le commerce interallemand
des deux côtés du Mur
La RDA est divisée en 15 districts (y compris Berlin-Est).
le SED (Parti socialiste unifié d'Allemagne)
Le SED est le parti de la classe ouvrière.
En dehors du SED, la RDA compte quatre autres partis.
la FDJ (Jeunesse allemande libre)
la coopérative agricole de production
l'entreprise nationale
À la Chambre du peuple sont représentés les partis et les organisations de masse.

Internationale Politik

international	international
von etw. (un)abhängig	(in)dépendant de qch.
die Unabhängigkeit	l'indépendance
um etw. kämpfen	lutter pour qch.
selbständig	autonome
die Selbständigkeit	l'autonomie
die Selbstbestimmung	l'autodétermination
die Zusammenarbeit	la coopération
zusammen/arbeiten	coopérer
die Europäische Gemeinschaft (die EG)	la Communauté européenne (la CEE)
das Europaparlament	le Parlement européen
der Europarat	le Conseil de l'Europe
das Quotensystem	le système des quotas
die Vereinten Nationen (die UNO)	les Nations unies (l'ONU)
der Sicherheitsrat	le Conseil de sécurité
die dritte Welt	le tiers monde
die vierte Welt	les pays les moins développés
das Entwicklungsland (¨er)	le pays en voie de développement
die Entwicklungshilfe	l'aide au développement
die Großmacht (¨e)	la grande puissance, le «Grand»
die Spannung (en)	la tension
gespannt	tendu
die Entspannung	la détente
sich (A) entspannen	se détendre
der Geheimdienst (e)	le service secret
der (Geheim)agent (en, en)	l'agent (secret)
der Spion (e)	l'espion
die Spionage	l'espionnage
Spionage treiben (ie, ie), spionieren	faire de l'espionnage, espionner

Politique internationale

die Diplomatie	la diplomatie
der Diplomat (en, en)	le diplomate
die Beziehung (en)	la relation
etw. (A) an/erkennen (a, a)	reconnaître qch.
die Botschaft (en)	l'ambassade
der Botschafter (-)	l'ambassadeur
die Vertretung (en)	la mission, la représentation
die Handelsmission (en)	la mission commerciale
das Konsulat (e)	le consulat
der Konsul (n)	le consul
die Konferenz (en)	la conférence
die Gipfelkonferenz (en)	la conférence au sommet
das Gipfeltreffen (-)	le sommet, la rencontre au sommet
*zusammen/treffen (a, o, i)	se rencontrer
die Verhandlung (en)	la négociation
über etw. (A) verhandeln,	
über etw. (A) Verhandlungen führen	mener des négociations sur qch.
der Vertrag (¨e)	le traité
etw. (A) aus/handeln	négocier qch.
etw. (A) ab/schließen (o, o)	conclure qch.
das Abkommen (-)	l'accord, la convention
etw. (A) unterzeichnen	signer qch.
die Ratifizierung (en)	la ratification
etw. (A) ratifizieren	ratifier qch.
der Vermittler (-)	le médiateur
die Grenze (n)	la frontière
etw. (A) fest/legen	fixer, déterminer qch.
etw. (A) überschreiten (i, i)	franchir qch.
etw. (A) verletzen	violer qch.
die Grenzverletzung (en)	la violation de frontière

Die Staatsoberhäupter sind erneut zusammengetroffen.

sich (A) auf offiziellen Besuch nach England begeben (a, e, i)

einem Land einen offiziellen Besuch ab/statten

diplomatische Beziehungen auf/nehmen (a, o, i), unterhalten (ie, a, ä)

die Anerkennung der DDR durch Frankreich

der Abbruch der diplomatischen Beziehungen [etw. (A) ab/brechen (a, o, i)]

Europa ist der Eckpfeiler der deutsch-französischen Allianz.

der Gemeinsame Markt

der europäische Binnenmarkt

der Wegfall der Grenzkontrollen, der Zollbarrieren

ein assoziiertes Land

der Internationale Währungsfonds

Die Weltbank fördert langfristige Entwicklungsprojekte.

Entwicklungshilfe leisten

Manche Länder verschulden sich (A) zunehmend.

trotz (G) beträchtlicher finanzieller Unterstützung

den Devisen- und Kapitalmarkt liberalisieren

der RGW (Rat für gegenseitige Wirtschaftshilfe), der Comecon

die Bewegung der Blockfreien (Staaten)

das Recht der Völker auf Selbstbestimmung

über die eigene Politik bestimmen

das diplomatische Korps

im diplomatischen Dienst stehen (stand, gestanden)

mit jm. in Konflikt *geraten (ie, a, ä)

in einem Konflikt vermitteln

einen Konflikt schlichten, bei/legen

eine diplomatische Mission übernehmen (a, o, i)

einen Pakt schließen (o, o)

Dieses Thema ist bei den Verhandlungen nicht zur Sprache gekommen.

+++ p. 32 (problèmes Nord-Sud), p. **162** (la paix), p. **228** (accord et refus), p. **282** (l'Allemagne après 1945)

Les chefs d'État se sont à nouveau rencontrés.
se rendre en visite officielle en Angleterre
faire une visite officielle dans un pays
établir, entretenir des relations diplomatiques
la reconnaissance de la RDA par la France
la rupture des relations diplomatiques (rompre qch.)
L'Europe est la pierre angulaire de l'alliance franco-allemande.
le Marché commun
le marché intérieur (unique) européen
la suppression des contrôles frontaliers, des barrières douanières
un pays associé
le Fonds monétaire international
La Banque mondiale soutient des projets de développement à long terme.
aider au développement
Certains pays ne cessent de s'endetter.
malgré une aide financière importante
libéraliser le marché des devises et des capitaux
le CAEM (Comité d'aide économique mutuelle), le Comecon
le Mouvement des (pays) non-alignés
le droit des peuples à l'autodétermination
déterminer sa propre politique
le corps diplomatique
appartenir au corps diplomatique, être diplomate
entrer en conflit avec qn.
servir de médiateur dans un conflit
arbitrer, régler un conflit
se charger d'une mission diplomatique
sceller un pacte
Ce sujet n'a pas été abordé (évoqué) au cours des négociations.

7. Wege zum Frieden

Der Wehrdienst

der Wehrdienst, Militärdienst (e)	le service militaire
die Dienstzeit	la durée du service
dienen	faire son service, servir
die Kaserne (n)	la caserne
der Rekrut (en, en)	la recrue
jn. zurück/stellen	ajourner qn., accorder un sursis à qn.
jn. ein/ziehen (o, o), ein/berufen (ie, u)	appeler qn. sous les drapeaux
die (allgemeine) Wehrpflicht	le service militaire obligatoire
der Wehrpflichtige [adj. subst.]	l'appelé
der Soldat (en, en)	le soldat
der Berufssoldat (en, en)	le soldat de métier
das Berufsheer (e)	l'armée de métier
freiwillig	volontaire
der Freiwillige [adj. subst.]	l'engagé volontaire
sich (A) verpflichten	s'engager
der Söldner (-)	le mercenaire
der Sold (e)	la solde
die Fremdenlegion (en)	la Légion étrangère
der Legionär (e)	le légionnaire
der Reservist (en, en)	le réserviste
fahnenflüchtig *werden, desertieren	déserter
der Deserteur (e)	le déserteur
die Streitkräfte	les forces armées
die Armee (n)	l'armée
das Gelöbnis (se)	le serment

In beiden deutschen Staaten besteht Wehrpflicht.
Ausländische Streitkräfte sind dort stationiert.
die Bundeswehr, die Nationale Volksarmee (NVA)
Die Bundeswehr wurde 1955 geschaffen (u, a).
Nur wenige Länder besitzen (a, e) keine Streitkräfte.
Die Dauer der Wehrpflicht ist auf 18 Monate verlängert worden.
Bei der Musterung wurde er als untauglich befunden (a, u).

7. Les chemins de la paix

Le service militaire

etw. (A) geloben	prêter serment de qch.
tapfer, mutig	brave, courageux
der Mut	le courage
die Tapferkeit	la bravoure
feige	lâche
die Feigheit	la lâcheté
wachsam	vigilant
die Wachsamkeit	la vigilance
kampfbereit	prêt à combattre, prêt au combat
diszipliniert	discipliné
die Disziplin	la discipline
jm. gehorchen	obéir à qn.
gehorsam	obéissant, docile
der Gehorsam	l'obéissance
der Befehl (e)	l'ordre
etw. (A) befehlen (a, o, ie)	ordonner qch.
die Wehrdienstverweigerung	l'objection de conscience
der Wehrdienstverweigerer (-), der Kriegsdienstverweigerer (-)	l'objecteur de conscience
der Pazifismus	le pacifisme
der Pazifist (en, en)	le pacifiste
pazifistisch	pacifiste
der Antimilitarismus	l'antimilitarisme
der Antimilitarist (en, en)	l'antimilitariste
antimilitaristisch	antimilitariste

Le service militaire est obligatoire dans les deux États allemands.
Des forces armées étrangères y sont stationnées.
l'*Armée fédérale* (RFA), l'*Armée nationale populaire* (RDA)
La « Bundeswehr » a été créée en 1955.
Seul un petit nombre de pays ne dispose pas de forces armées.
La durée du service militaire a été prolongée à 18 mois.
Lors du conseil de révision, il a été réformé.

Er wurde wegen seines Studiums (vom Wehrdienst) zurückgestellt.
Er ist zum Wehrdienst einberufen, eingezogen worden.
zum Bund *gehen (i, a), beim Bund sein [Bundesrepublik]
seinen Wehrdienst ab/leisten
sich (A) freiwillig (zum Militär, zur Fremdenlegion) melden
Er hat sich (A) auf (für) zehn Jahre verpflichtet.
den Wehrdienst aus Gewissensgründen verweigern
Die Wehrdienstverweigerung ist nicht überall ein Grundrecht.
Das Recht auf Verweigerung *bleibt (ie, ie) eine Ausnahme.
Niemand darf zum Dienst mit der Waffe gezwungen werden.
Pazifismus ist eine aus religiösen, ethischen und politischen Motiven
   entwickelte Weltanschauung.
jede Form der Gewalt ab/lehnen
jn. als Kriegsdienstverweigerer an/erkennen (a, a)
seinen Zivildienst (Ersatzdienst) im sozialen Bereich ab/leisten
In Israel werden Frauen in die Streitkräfte eingestellt.
den Vorgesetzten (D) unbedingten Gehorsam leisten
einen Befehl erteilen (geben), aus/führen, verweigern
ein Militärgeheimnis wahren, verraten (ie, a, ä)
Mit dem Deserteur wurde kurzer Prozeß gemacht.
auf Urlaub sein

+++ p. **140** (politique internationale), p. **162** (la paix)

Il a obtenu un sursis pour études.
Il a été appelé sous les drapeaux.
aller faire son service, faire son service [Rép. féd.]
accomplir son service militaire
s'engager (dans l'armée, dans la Légion étrangère)
Il s'est engagé pour dix ans.
refuser d'accomplir son service militaire pour raisons de conscience
L'objection de conscience n'est pas partout un droit fondamental.
Le droit à l'objection de conscience reste une exception.
Personne ne peut être contraint à effectuer un service armé.
Le pacifisme est une vision du monde basée sur des motivations religieuses, morales et politiques.
refuser toute forme de violence
reconnaître à qn. le statut d'objecteur de conscience
effectuer son service civil dans le secteur social
En Israël, les femmes sont incorporées dans les forces armées.
prêter une obéissance absolue à ses supérieurs
donner, exécuter, refuser d'exécuter un ordre
garder, dévoiler un secret militaire
Le déserteur fit l'objet d'un jugement sommaire.
être en permission

Die Waffen

die Rüstung [sg.], die Bewaffnung [sg.]	l'armement, les armes
(un)bewaffnet *sein	être (dés)armé
die Aufrüstung	la militarisation
auf/rüsten	militariser
die Ausrüstung (en)	l'équipement
jn. mit etw. aus/rüsten	équiper qn. de qch.
die Waffe (n)	l'arme
der Waffenhandel	le commerce des armes
konventionell	conventionnel
strategisch	stratégique
taktisch	tactique
nuklear	nucléaire
biologisch	biologique
chemisch	chimique
der Kampfstoff (e)	le gaz de combat
das Giftgas (e)	le gaz toxique
das Senfgas	le gaz moutarde, l'ypérite
etw. (A) entwickeln	développer, mettre au point qch.
die Entwicklung (en)	la mise au point, le développement
etw. (A) ein/setzen	utiliser qch.
der Einsatz	l'utilisation
einsatzbereit	opérationnel
etw. (A) aus/bauen	développer, étendre qch.
der Ausbau	le développement, l'extension
die Offensivwaffe (n)	l'arme offensive
die Defensivwaffe (n)	l'arme défensive
das Geschütz (e)	la pièce d'artillerie
das Geschoß (Geschosse)	l'obus, le projectile
schießen (schoß, geschoßen)	tirer
die Granate (n)	la grenade
der Sprengstoff (e)	l'explosif, le plastic
etw. (A) (in die Luft) sprengen	faire sauter qch.
in die Luft *gehen (i, a)	sauter, exploser
die Mine (n)	la mine
etw. (A) verminen	miner qch.
Minen legen	poser des mines
etw. (A) entminen	déminer qch.
die Entminung	le déminage

Les armes

der Feuerwerker (-)	l'artificier, le démineur
die Schuß-, Feuerwaffe (n)	l'arme à feu
das Gewehr (e)	le fusil
das Selbstladegewehr (e)	le fusil, l'arme automatique
die Maschinenpistole (n)	le pistolet-mitrailleur
das Maschinengewehr (e)	la mitrailleuse
jn. beschießen (o, o)	tirer sur qn., mitrailler qn.
die Kanone (n)	le canon
die Bazooka (s) [pr. angl.]	le bazooka
die Munition [sg.]	les munitions [pl.]
der Panzer (-)	le char, le blindé
die Gasmaske (n)	le masque à gaz
die Schutzkleidung (en)	le vêtement de protection
die Bombe (n)	la bombe
die Splitterbombe (n)	la bombe à fragmentation
die Brand-, Napalmbombe (n)	la bombe incendiaire, au napalm
das Entlaubungsmittel (-)	le défoliant
die Kern-, Nuklearwaffe (n)	l'arme nucléaire
die Wasserstoffbombe (n)	la bombe H
die Atombombe (n)	la bombe atomique
das Kernwaffenpotential	le potentiel nucléaire
das Atomwaffenarsenal (e)	l'arsenal atomique
die Neutronenbombe (n)	la bombe à neutrons
die Abschußrampe, Startrampe (n)	la rampe de lancement
der Marschflugkörper (-)	le missile de croisière
die Interkontinentalrakete (n)	la fusée intercontinentale
die Mittelstreckenrakete (n)	la fusée intermédiaire
die Pershing-Rakete (n)	la fusée Pershing
die Reichweite (n)	le rayon d'action
die Treffgenauigkeit	la précision de tir
der Atomsprengkopf (e)	l'ogive, la tête nucléaire
die Sprengkraft	la puissance (explosive)
die Luft-Boden-Rakete (n)	la fusée air-sol
die Luftabwehrrakete (n)	la fusée antiaérienne
etw. (A) auf/stellen, stationieren	installer, stationner qch.
die Aufstellung, Stationierung	l'installation, le stationnement
der Aufklärungssatellit (en, en)	le satellite espion

Die Bundesrepublik ist der fünftgrößte Waffenexporteur der Welt.
Der Waffenhandel ist ein blühendes Geschäft.
Millionen von Menschen sind in der Rüstungsindustrie beschäftigt.
große Mittel für den Verteidigungshaushalt auf/bringen (a, a)
die Mittel für eine neue Waffe kürzen
Konventionelle Waffen werden immer komplizierter.
neue Waffensysteme entwickeln, einsetzen
auf eine Mine *treten (a, e, i), *fahren (u, a, ä)
Die Mine ist hochgegangen, die Bombe ist explodiert.
ein Ziel an/visieren, treffen (a, o, i)
eine Bombe ab/werfen (a, o, i), legen
Napalmbomben haben verheerende Wirkungen.
Wir haben unsere ganze Munition [sg.] verschossen.
Die Munition ist uns (D) ausgegangen.
eine Rakete von einer mobilen Abschußrampe ab/schießen (o, o)
eine hohe Treffgenauigkeit erzielen
Die Cruise Missiles [pron. angl.] unterfliegen (o, o) die gegnerische Radarerfassung.
die ABC-Waffen (die atomaren, biologischen, chemischen Waffen)
ein Land atomar auf/rüsten
Die Sprengkraft der Hiroshima-Bombe betrug (u, a, ä) 14 Kilotonnen.
die Menschheit mehrfach vernichten
Die französischen Atombombenversuche finden auf dem Mururoa-Atoll statt.
die militärische Schlagkraft (die Force de frappe)
Unsere Gemeinde hat sich (A) zur «atomwaffenfreien Zone» erklärt.
etw. (A) zu militärischen Zwecken nutzen
Im Golfkrieg sind C-Waffen eingesetzt worden.
Sie haben erstickende, reizende oder lähmende Eigenschaften.

+++ p. **156** (les conflits)

La République fédérale est le cinquième exportateur d'armes au monde.
Le commerce des armes est une affaire florissante.
Des millions de gens sont employés dans l'industrie de l'armement.
consacrer de gros moyens au budget de la défense
réduire les moyens destinés à une arme nouvelle
Les armes conventionnelles sont de plus en plus sophistiquées.
mettre au point, utiliser de nouveaux systèmes d'armes
marcher, rouler sur une mine
La mine a sauté, la bombe a explosé.
viser, atteindre (toucher) un objectif
lâcher, poser une bombe
Les bombes au napalm ont des effets dévastateurs.
Nous avons épuisé nos munitions.
Nous n'avons plus de munitions.
tirer une fusée à partir d'une rampe de lancement mobile
obtenir une grande précision de tir
Les missiles de croisière volent en dessous de la couverture radar de l'adversaire.
les armes NBC (les armes nucléaires, biologiques et chimiques)
doter un pays d'armes atomiques
La bombe d'Hiroshima avait une puissance de 14 kilotonnes.
détruire plusieurs fois l'humanité
Les essais atomiques français ont lieu sur l'atoll de Mururoa.
la Force de frappe
Notre commune s'est déclarée «zone exempte d'armes atomiques».
utiliser qch. à des fins militaires
Des armes chimiques ont été utilisées dans la guerre du Golfe.
Elles ont des propriétés asphyxiantes, irritantes ou paralysantes.

Armee und Bündnisse

das Militär	l'armée [dans son ensemble]
militärisch	militaire
der Militär (s)	le militaire [gradé]
der Dienstgrad (e)	le grade
der Oberbefehlshaber (-)	le commandant en chef, le généralissime
der Generalstab ("e)	l'état-major
das Hauptquartier (e)	le quartier général
der General ("e)	le général
der Oberst (en ou e)	le colonel
der Offizier (e)	l'officier
der Hauptmann (Hauptleute)	le capitaine
der Oberleutnant (s)	le lieutenant
der Leutnant (s)	le sous-lieutenant
der Unteroffizier (e)	le sous-officier
der Obergefreite [adj. subst.]	le caporal-chef
das Bündnis (se)	l'alliance
sich (A) mit jm. verbünden	s'allier avec qn.
der Verbündete [part. subst.], der Alliierte [part. subst.]	l'allié
die atlantische Allianz	l'Alliance atlantique
das Pentagon	le Pentagone
der Pakt (e)	le pacte
der Nichtangriffspakt	le pacte de non-agression
etw. (A) schützen	protéger qch.
der Schutz	la protection
die Waffe (n), die Waffengattung (en)	l'arme [corps de l'armée]
die Landstreitkräfte	les forces terrestres
das Heer (e)	l'armée de terre
das Armeekorps (-)	le corps d'armée
die Division (en)	la division
die Brigade (n)	la brigade
das Regiment (er)	le régiment
das Bataillon (e) [batal'jo:n]	le bataillon
der Verband ("e)	l'unité
die Kompanie (n)	la compagnie
der Pionier (e)	le soldat du génie
die Infanterie (n)	l'infanterie
die Panzerdivision (en)	la division blindée
die Seestreitkräfte	les forces navales

L'armée et les alliances

die Marine (n)	la marine
das Kriegsschiff (e)	le navire de guerre
der Kreuzer (-)	le croiseur
der Panzerkreuzer (-)	le cuirassé
der Zerstörer (-)	le destroyer
die Fregatte (n)	la frégate
das Schnellboot (e)	la vedette rapide
das Kanonenboot (e)	la canonière
der Minenleger (-)	le mouilleur de mines
das Minensuchboot (e)	le dragueur de mines
das Landungsschiff (e)	la barge de débarquement
das U-Boot, Unterseeboot (e)	le sous-marin
das Atom-U-Boot (e)	le sous-marin nucléaire
der Flugzeugträger (-)	le porte-avions
die Luftstreitkräfte	les forces aériennes
die Luftwaffe (n)	l'armée de l'air
die Einheit (en)	l'unité
das Geschwader (-)	l'escadre
die Staffel (n)	l'escadrille
das Kampfflugzeug (e)	l'avion de combat
das Jagdflugzeug (e)	le chasseur
der Tiefflug ("e)	le vol à basse altitude
der Flieger (-)	le pilote
der Luftkampf ("e)	le combat aérien
das Aufklärungsflugzeug (e)	l'avion de reconnaissance
der Jagdbomber (-)	le chasseur-bombardier
etw. (A) bombardieren	bombarder qch.
der Bombenangriff (e)	le bombardement
der Hubschrauber (-), der Helikopter (-)	l'hélicoptère
die Luftlandetruppe (n)	la troupe aéroportée
der Fallschirm (e)	le parachute
der Fallschirmspringer (-)	le parachutiste
die Flak (s) [Flugzeugabwehrkanone]	le canon antiaérien
die Flakartillerie (n)	la DCA, l'artillerie antiaérienne
die Versorgungstruppe (n)	l'unité de ravitaillement, la logistique
das Manöver (-)	la manœuvre
der Einsatz ("e)	la mission, l'opération
der Luftschutz	la défense passive (antiaérienne)
der Luftschutzkeller (-)	l'abri (antiaérien)

die Unabhängigkeit eines Landes verteidigen
ein Land vor dem Feind schützen
eine Einheit befehligen, über eine Armee befehlen (a, o, ie)
den Zweck haben, die Unversehrtheit des Landes zu erhalten (ie, a, ä)
ein Bündnis, einen Pakt mit einem Staat ab/schließen (o, o)
Die Bundesrepublik und die DDR gehören unterschiedlichen Bündnissen an.
dem Warschauer Pakt, der NATO (D) *bei/treten (a, e, i)
die NATO-Verbände
Die jeweiligen Bündnispartner stimmen ihre Verteidigungspolitik ab.
Jede Armee ist einem Oberkommando untergeordnet.
Die Panzerdivision steht unter dem Kommando von Feldmarschall ...
sich (A) aus der integrierten Verteidigung zurück/ziehen (o, o)
am gemeinsamen deutsch-französischen Manöver [sg.] teil/nehmen (a, o, i)
Laut Umfragen sind 75 % der Bevölkerung für ein Tiefflugverbot.

Eine Kompanie umfaßt 100 bis 250 Mann [invariable].
(auf) Wache stehen (a, a), Wache halten (ie, a, ä)
den Schleudersitz betätigen
aus der Maschine herauskatapultiert (herausgeschleudert) werden
Der Fallschirm hat sich (A) nicht geöffnet.
Die Flakartillerie hat mehrere feindliche Maschinen abgeschossen.
Er ist vom Einsatz nicht zurückgekehrt.
Kriegsschiffe haben vor der Küste [sg.] Stellung bezogen.

+++ p. 262 (le trafic aérien), p. 266 (le trafic maritime)

défendre l'indépendance d'un pays
protéger un pays contre l'ennemi
commander une unité, une armée
avoir pour objectif (but) de préserver l'intégrité du territoire
conclure une alliance, un pacte avec un État
La RFA et la RDA appartiennent à différentes alliances.
adhérer au pacte de Varsovie, à l'OTAN
les unités de l'OTAN
Les alliés respectifs harmonisent leur politique de défense.
Chaque armée est sous les ordres d'un commandement supérieur.
La division blindée est sous les ordres du maréchal ...
se retirer de la défense intégrée
participer aux manœuvres communes franco-allemandes
Selon les sondages, 75 % de la population sont favorable à une interdiction des vols à basse altitude.
Une compagnie compte 100 à 250 hommes.
monter la garde
actionner le siège éjectable
être éjecté hors de l'appareil
Le parachute ne s'est pas ouvert.
La DCA a abattu plusieurs appareils ennemis.
Il n'est pas rentré de mission.
Des navires de guerre ont pris position au large des côtes.

Die Konflikte

die Krise (n)	la crise
der Krisenherd (e)	le point chaud
das Krisengebiet (e)	la zone névralgique
der Konflikt (e)	le conflit
die Ursache (n) für etw.	la cause de qch.
der Feind (e)	l'ennemi
die Feindschaft gegen jn.	l'hostilité envers qn.
feindlich	hostile, ennemi
der Gegner (-)	l'adversaire
gegnerisch	adverse
der Grenzzwischenfall ("e)	l'incident frontalier
der Grenzkonflikt (e)	le conflit frontalier
die Intervention (en)	l'intervention
in etw. (A) ein/greifen (i, i)	intervenir dans qch.
sich (A) in etw. (A) ein/mischen	s'immiscer, s'ingérer dans qch.
die Einmischung (en)	l'ingérence, l'immixtion
die Nichteinmischung	la non-ingérence
der Krieg (e)	la guerre
kriegerisch	belliqueux, guerrier
die Revanche (n) [pr. franç.]	la revanche
der Bürgerkrieg (e)	la guerre civile
der Guerillakrieg (e)	la guérilla
der Kolonialkrieg (e)	la guerre coloniale
der Unabhängigkeitskrieg (e)	la guerre d'indépendance
der Befreiungskrieg (e)	la guerre de libération
sich (A) von etw. befreien	se libérer de qch.
die Mobilmachung (en)	la mobilisation (générale)
die Kriegserklärung (en)	la déclaration de guerre
*aus/brechen (a, o, i)	éclater [guerre]
der Kriegsverlauf	le déroulement des opérations
jn. an/greifen (i, i)	attaquer qn.
der Angreifer (-), der Aggressor (en)	l'agresseur
der Angriff (e)	l'attaque
der Einmarsch ("e), die Invasion (en)	l'invasion
ein Land überfallen (ie, a, ä)	envahir un pays
der Überfall ("e)	l'attaque [par surprise]
etw. (A) besetzen	occuper qch.
die Besetzung (en)	l'occupation, l'invasion
die Einverleibung (en)	l'annexion

Les conflits

der Anschluß	l'annexion, l'Anschluss
jn. verteidigen	défendre qn.
die Verteidigung [sg.]	la défense
die Feindseligkeiten	les hostilités
der Blitzkrieg (e)	la guerre-éclair
der Bewegungskrieg (e)	la guerre de mouvement
der Stellungskrieg (e)	la guerre de position
die Stellung (en)	la position
Stellung beziehen (o, o)	prendre position
der Grabenkrieg (e)	la guerre de tranchées
der Graben (¨)	la tranchée
der Feldzug (¨e)	la campagne, l'expédition (militaire)
die Front (en)	le front
sich (A) etw. (G) bemächtigen	s'emparer de qch.
etw. (A) erobern	conquérir qch.
die Eroberung (en)	la conquête
sich (D) gegenüber/stehen (a, a)	se faire face, être face à face
jn. ein/schließen (o, o), umzingeln	encercler qn.
die Schlacht (en)	la bataille
blutig	sanglant
das Schlachtfeld (er)	le champ de bataille
kämpfen	lutter, se battre
der Kampf (¨e)	la lutte, le combat
die Kampfhandlungen [pl.]	les combats
der Nahkampf (¨e)	le corps à corps
jn. gefangen/nehmen (a, o, i)	faire qn. prisonnier
der Kriegsgefangene [part. subst.]	le prisonnier de guerre
das Gefangenenlager (-)	le camp de prisonniers
das Konzentrationslager (-), das KZ (s)	le camp de concentration
*fallen (ie, a, ä)	mourir (au combat), tomber
der Gefallene [part. subst.]	le mort
schwer verwundet *sein	être gravement blessé
der Krüppel (-)	l'invalide
die Verwundung (en)	la blessure
das Lazarett (e)	l'hôpital militaire de campagne
das Militärkrankenhaus (¨er)	l'hôpital militaire
das Rote Kreuz	la Croix-Rouge
jn. schlagen (u, a, ä)	battre, défaire qn.

die Niederlage (n)	la défaite
über jn. siegen, jn. besiegen	vaincre qn.
der Sieg (e)	la victoire
sich (A) ergeben (a, e, i)	se rendre
der Seekrieg (e)	la guerre maritime, navale
die Blockade (n)	le blocus
ein Schiff versenken	couler un navire
*sinken (a, u)	sombrer, couler
etw. (D) widerstehen (a, a)	résister à qch.
der Widerstand	la résistance
die Widerstandsbewegung (en)	le mouvement de résistance, la Résistance
der Widerstandskämpfer (-)	le résistant, le maquisard
der Partisan (en, en)	le partisan
der Überläufer (-)	le transfuge
kapitulieren	capituler
die Kapitulation (en)	la capitulation
bedingungslos	sans conditions, inconditionnel

eine Krise beherrschen, bewältigen
einen Konflikt hervor/rufen (ie, u), vermeiden (ie, ie)
einen Krieg verhüten, aus/lösen
etw. (A) zum Anlaß nehmen (a, o, i), um einzugreifen
der Sezessionskrieg, der Erste, der Zweite Weltkrieg
Österreich-Ungarn hat ein Ultimatum an Serbien gestellt.
Das Deutsche Reich hat Frankreich (D) den Krieg erklärt.
Deutschland hat die eroberten Gebiete seinem Reich ein/verleibt.
Die Truppen sind bis nach Lüttich vorgestoßen, vorgerückt.
Die Alliierten sind 1944 an der normannischen Küste [sg.] gelandet.
der Sechs-Tage-Krieg, der Iranisch-Irakische Krieg
Die Lage in Mittelamerika, im Golf hat sich zugespitzt.
Der ehemals blühende Libanon ist zum Krisenherd geworden.
die Feindseligkeiten eröffnen, ein/stellen
die Operationen leiten
eine Stellung ein/nehmen (a, o, i), auf/geben (a, e, i)
in die Offensive *treten (a, e, i)
eine großangelegte Offensive starten, aus/lösen
die Offensive wiederauf/nehmen (a, o, i)
aus der Defensive *heraus/treten (a, e, i)
in ein Land *ein/marschieren, *ein/dringen (a, u), *ein/fallen (ie, a, ä)
die Grenze überschreiten (überschritt, überschritten)
zum Angriff *über/gehen (i, a)
einen Angriff, einen Gegenangriff ab/wehren

die Waffenruhe (n)	le cessez-le-feu
der Waffenstillstand ("e)	l'armistice
das Friedensangebot (e)	l'offre de paix
der Sonderfrieden	la paix séparée
die Reparation (en)	la réparation
der Rückzug	la retraite, le repli
sich (A) zurück/ziehen (o, o)	battre en retraite
etw. (A) räumen	évacuer qch.
die Räumung	l'évacuation
der Verlust (e)	la perte
die Menschenverluste	les pertes en vies humaines
etw. (A) verlieren (o, o)	perdre qch.
die Zerstörung (en)	la destruction
etw. (A) zerstören	détruire qch.
die Ruine (n)	la ruine
der Wiederaufbau	la reconstruction
etw. (A) wiederauf/bauen	reconstruire qch.
der Heimkehrer (-)	l'homme de retour de captivité

maîtriser, contenir une crise
provoquer, éviter un conflit
empêcher, déclencher une guerre
prendre prétexte de qch. pour intervenir
la guerre de Sécession, la Première, la Seconde Guerre mondiale
L'Autriche-Hongrie a adressé un ultimatum à la Serbie.
L'Empire allemand a déclaré la guerre à la France.
L'Allemagne a annexé les territoires conquis à son empire.
Les troupes ont avancé (poussé) jusqu'à Liège.
Les Alliés ont débarqué sur les côtes normandes en 1944.
la «guerre des six jours», la guerre Iran-Irak
En Amérique centrale, dans le Golfe, la situation s'est tendue.
Le Liban jadis florissant est devenu un point chaud.
ouvrir, cesser les hostilités
diriger les opérations
conquérir, abandonner une position
prendre l'offensive
déclencher une offensive de grande envergure
reprendre l'offensive
sortir de la défensive
envahir un pays
franchir la frontière
passer à l'attaque
repousser une attaque, une contre-attaque

Der Angriff *verlief zuerst günstig, dann *lief er fest.
an die Front geschickt *werden, an der Front stehen (a, a)
Die Front *bricht (a, o, i) zusammen.
die Front, die Maginot-Linie durchbrechen (a, o, i)
jn. über die Grenze zurück/werfen (a, o, i), zurück/drängen
vor einer erdrückenden Übermacht *zurück/weichen (i, i)
einen territorialen Gewinn, einen Geländegewinn [sg.] erzielen
jm. eine Schlacht liefern
den Rückzug befehlen (a, o, ie), den Rückzug an/treten (a, e, i)
um die Befreiung einer Stadt kämpfen
für den Frieden, gegen den Krieg kämpfen
den Feind mit allen Mitteln bekämpfen
Nach schweren Kämpfen ist unsere Stadt gefallen.
eine Blockade über ein Land verhängen [v. faible]
die Blockade auf/heben (o, o)
die Seeherrschaft behaupten
den U-Boot-Krieg ein/stellen
als Partisan, bei den Partisanen, auf der Seite der Partisanen kämpfen
in den Widerstand *treten (a, e, i), *gehen (i, a)
Widerstand leisten, den Widerstand brechen (a, o, i)
Sabotage treiben (ie, ie), Sabotageakte durch/führen
eine Brücke in die Luft sprengen
zum Feind *über/laufen (ie, au, äu)
schwere Verluste an Menschen und Material erleiden (erlitt, erlitten)
die Schrecken des Krieges
Sie haben eine schwere Niederlage hinnehmen müssen.
den Sieg davon/tragen (u, a, ä)
jn. zur bedingungslosen Kapitulation zwingen (a, u)
um Waffenruhe bitten (a, e)
positiv auf einen Vorschlag (A) reagieren
Der Waffenstillstand *tritt (a, e, i) um null Uhr in Kraft.
Er sieht die Räumung Elsaß-Lothringens binnen (D) 14 Tagen vor.
in Friedensverhandlungen *ein/treten (a, e, i)
Friedensverhandlungen ein/leiten
einen Friedensvertrag schließen (o, o), unterzeichnen
Bedingungen stellen, erfüllen, ab/lehnen
dem Gegner die Alleinschuld am Krieg zu/schieben (o, o)
den Krieg beenden
in Gefangenschaft *geraten (ie, a, ä)
Die Kriegsgefangenen wurden einer Gehirnwäsche (D) unterzogen.
aus der Gefangenschaft entlassen *werden, *heim/kehren

+++ p. **140** (politique internationale), p. **282** (l'Allemagne après 1945)

L'offensive se déroula d'abord bien, puis elle s'enlisa.
être envoyé au front, être sur le front
Le front s'effondre.
percer le front, la ligne Maginot
repousser qn. au-delà de la frontière
reculer devant une supériorité écrasante
réaliser des gains territoriaux
livrer (une) bataille à qn.
ordonner la retraite, battre en retraite
lutter pour la libération d'une ville
lutter pour la paix, contre la guerre
combattre l'ennemi par tous les moyens
Notre ville est tombée au bout de durs combats.
ordonner le blocus d'un pays
lever le blocus
avoir la maîtrise des mers
mettre fin à la guerre sous-marine
combattre en tant que partisan, chez, aux côtés des partisans
entrer dans la résistance
faire de la résistance, briser la résistance
faire du sabotage, exécuter des actes de sabotage
faire sauter un pont
passer à l'ennemi
subir de lourdes pertes en hommes et en matériel
les horreurs de la guerre
Ils ont subi une sévère défaite.
remporter la victoire
contraindre qn. à la capitulation sans conditions
demander un cessez-le-feu, une trêve
réagir favorablement à une proposition
L'armistice entre en vigueur à zéro heure.
Il prévoit l'évacuation de l'Alsace-Lorraine dans les 15 jours.
engager des négociations de paix
ouvrir des négociations de paix
conclure, signer un traité de paix
poser, remplir, refuser des conditions
faire porter à l'ennemi l'entière responsabilité de la guerre
terminer la guerre
être fait prisonnier
Les prisonniers de guerre ont été soumis à un lavage de cerveau.
être libéré de captivité, rentrer de captivité

Der Frieden

die Erhaltung des Friedens	le maintien de la paix
der Frieden	la paix
die (friedliche) Lösung (en)	la solution (pacifique)
den Frieden sichern	maintenir la paix
die Sicherheit	la sécurité
etw. (A) gefährden	mettre qch. en péril
die Völkerverständigung	la compréhension entre les peuples
die Völkerfreundschaft	l'amitié entre les peuples
der kalte Krieg	la Guerre froide
die Entspannung	la détente
wiederauf/rüsten	réarmer, remilitariser
die Wiederaufrüstung	le réarmement, la remilitarisation
das Wettrüsten, der Rüstungswettlauf	la course aux armements
der Sternenkrieg	la guerre des étoiles
das Rüstungsgleichgewicht	l'équilibre des forces
etw. (A) wiederher/stellen	rétablir qch.
das Ungleichgewicht	le déséquilibre
etw. (A) aus/gleichen (i, i)	compenser qch.
das Kräfteverhältnis (se)	le rapport de forces
die Überlegenheit	la supériorité
die Unterlegenheit	l'infériorité
die Abschreckungspolitik	la politique de dissuasion
jn. ab/schrecken	dissuader qn.
die Vergeltung	les représailles
der Vergeltungsschlag ("e)	l'opération de représailles
die Friedenstaube (n)	la colombe de la paix
der Friedensmarsch ("e)	la marche pour la paix

Von deutschem Boden darf nie wieder ein Krieg *aus/gehen (i, a).
Die Erhaltung des Friedens *bleibt die Hauptaufgabe der UNO.
dem Rüstungswahnsinn ein Ende machen
eine Gefährdung des Friedens dar/stellen
zur Versöhnung bei/tragen (u, a, ä)
sich (A) zum Frieden, zur Friedensidee bekennen (bekannte, bekannt)
infolge (G) massiver Proteste seitens (G) der Friedensbewegung
die Ost-West-Konfrontation, die Spannungen ab/bauen
Verhandlungen auf/nehmen (a, o, i), ab/brechen (a, o, i)
die Genfer Abrüstungsverhandlungen

La paix

die Friedensbewegung (en)	le Mouvement de la Paix
etw. (A) fordern	exiger qch.
der Truppenabbau	la réduction des forces
der Raketenabzug	le retrait des fusées
*ab/ziehen (o, o)	se retirer
Truppen ab/ziehen (o, o)	retirer des troupes
die Abrüstung	le désarmement
ab/rüsten	désarmer
die Entmilitarisierung	la démilitarisation
etw. (A) entmilitarisieren	démilitariser qch.
einseitig	unilatéral
bilateral	bilatéral
sofortig	immédiat
schrittweise, stufenweise	progressif
über etw. (A) verhandeln	mener des négociations sur qch.
der Unterhändler (-)	le négociateur
ausschlaggebend *sein	être décisif
*scheitern	échouer
etw. (A) begrenzen	limiter qch.
die Begrenzung (en)	la limitation
etw. (A) verringern, reduzieren	réduire qch.
die Verringerung, Reduzierung (en)	la réduction
etw. (A) überwachen, kontrollieren	contrôler qch.
die Kontrolle (n) über etw. (A)	le contrôle de qch.
die Verschrottung	la destruction, la mise au rebut
etw. (A) verschrotten	mettre qch. au rebut, détruire
etw. (A) ein/halten (ie, a, ä)	respecter [un accord]

Jamais une guerre ne devra repartir du sol allemand.
Le maintien de la paix reste la tâche principale de l'ONU.
mettre fin à la folie des armes
représenter une menace pour la paix
contribuer à la réconciliation
professer des idées de paix
suite à des protestations massives de la part du Mouvement de la Paix
réduire la confrontation Est-Ouest, les tensions
engager, rompre des négociations
les négociations de Genève sur le désarmement

Die zwei Unterhändler haben einen Kompromißvorschlag ausgehandelt.
Demnach sollen die Mittelstreckenraketen verschrottet werden.
Soll die gültige Strategie der NATO geändert werden?
Hat sich diese Strategie bewährt?
an einer Strategie fest/halten (ie, a, ä)
nach militärischer Überlegenheit streben
Das militärische Gleichgewicht ist die bestmögliche Friedensgarantie.
das Militärgleichgewicht in Mitteleuropa erhalten (ie, a, ä)
Im Falle eines Konflikts wäre die Bundesrepublik am stärksten betroffen.
Das bedeutet die totale Vernichtung im Falle eines gegnerischen Angriffes.
mit einem Atomschlag auf einen konventionellen Angriff antworten
der Gefahr einer völligen Zerstörung ausgesetzt sein
In dieser Politik steckt eine Eskalationsgefahr.
die massive Vergeltung
der stufenweise Einsatz von Atomwaffen
die Strategie der Flexible Response [pron. angl.], der flexiblen Antwort
die friedliche Koexistenz
auf Gewaltanwendung verzichten
das Gewaltverzichtsabkommen
der Atomversuchsstopp-Vertrag
der Atom(waffen)sperrvertrag
die KSZE (Konferenz für Sicherheit und Zusammenarbeit in Europa)
der NATO-Doppelbeschluß
den SALT-II-Vertrag ratifizieren
der INF-Vertrag sieht vor, daß...
die SDI [pron. angl.] (Strategische Verteidigungsinitiative)
die Null-Lösung, die doppelte Null-Lösung
eine Kontrolle über die Einhaltung der Abmachungen aus/üben

+++ p. 16 (la conquête de l'espace), p. 32 (problèmes Nord-Sud), p. **132** (extrémisme et terrorisme), p. **140** (politique internationale), p. **228** (accord et refus)

Les deux négociateurs sont parvenus à une proposition de compromis.
Selon celui-ci, les fusées intermédiaires doivent être détruites.
Doit-on modifier la stratégie actuelle (en vigueur) de l'OTAN?
Cette stratégie a-t-elle fait ses preuves?
s'en tenir à une stratégie
avoir pour objectif une supériorité militaire
L'équilibre militaire est le meilleur garant de la paix.
maintenir l'équilibre militaire en Europe centrale
En cas de conflit, la République fédérale serait la plus sévèrement touchée.
Cela signifie la destruction totale en cas d'attaque adverse.
répondre à une attaque conventionnelle par une attaque nucléaire
être exposé au risque d'une destruction totale
Cette politique comporte un risque d'escalade.
la réplique massive
l'utilisation progressive d'armes atomiques
la stratégie de la réponse flexible
la coexistence pacifique
ne pas recourir à la violence, renoncer au recours à la violence
le traité de non-recours à la violence
le traité sur l'arrêt des essais atomiques [1963]
le traité sur la non-prolifération des armes atomiques [1970]
la Conférence sur la sécurité et la coopération en Europe [>1973]
la double décision de l'OTAN [1979]
ratifier le traité SALT-II [1979]
le traité sur les armes nucléaires intermédiaires prévoit que...
l'IDS (Initiative de défense stratégique)
l'option zéro, la double option zéro
exercer un contrôle sur le respect des accords

8. Die Gesellschaft

Die sozialen Gruppen

die Gesellschaft (en)	la société
gesellschaftlich	social
die Sozialstruktur (en)	la structure sociale
die Gesellschaftsschicht (en)	la couche sociale
die Klasse (n)	la classe (sociale)
die Klassengesellschaft	la société de classes
klassenlos	sans classes
jn. aus/beuten	exploiter qn.
die Ausbeutung	l'exploitation
die Gemeinschaft (en)	la communauté
gemeinschaftlich	commun
das (Lumpen)proletariat	le (sous-)prolétariat
die Not, das Elend	la misère
hilfsbedürftig	nécessiteux
mittellos	sans ressources
unterprivilegiert	défavorisé
der Minderbemittelte [adj. subst.]	la personne démunie
die Armut	la pauvreté
*verarmen	s'appauvrir
die Verarmung	la paupérisation
die Bauernschaft	la paysannerie
die Arbeiterschaft [sg.]	les ouvriers
die Arbeiterklasse	la classe ouvrière
der Beamte [part. subst.]	le fonctionnaire
der Angestellte [part. subst.]	l'employé
der dritte Stand	le Tiers État
der Mittelstand [sg.]	les couches moyennes
selbständig, eigenständig	indépendant, autonome
der Selbständige [adj. subst.]	le travailleur indépendant
der Handwerker (-)	l'artisan
der Intellektuelle [adj. subst.]	l'intellectuel
der Freiberufler (-)	le membre d'une profession libérale
das (Groß)bürgertum	la (haute) bourgeoisie
bürgerlich	bourgeois
der Kleinbürger (-)	le petit-bourgeois [classe sociale]

8. La société

Les groupes sociaux

der Spießbürger (-)	le petit-bourgeois [attitude]
spießbürgerlich	petit-bourgeois
die Geschäftswelt	le monde des affaires
sich (A) bereichern	s'enrichir
vermögend, wohlhabend	fortuné, aisé
das Vermögen	la fortune
der Wohlstand	le bien-être, l'aisance
der Neureiche [adj. subst.]	le nouveau riche
der Emporkömmling (e)	le parvenu
der Millionär (e)	le millionaire
der Milliardär (e)	le milliardaire
der Adel	la noblesse
ad(e)lig	noble
der Adlige [adj. subst.]	le noble
die Aristokratie	l'aristocratie
der Aristokrat (en, en)	l'aristocrate
aristokratisch	aristocratique
(un)gerecht	(in)juste
die Gerechtigkeit	la justice
die Ungerechtigkeit (en)	l'injustice
(un)gleich	(in)égal
die Gleichheit	l'égalité
die Ungleichheit (en)	l'inégalité
die Gleichberechtigung	l'égalité (des droits)
der Sexismus	le sexisme
sich (A) für etw. ein/setzen, sich (A) für etw. engagieren	lutter pour qch.
der Einsatz, das Engagement [pr. franç.]	l'engagement, la lutte
das Ideal (e)	l'idéal
idealistisch	idéaliste
(un)realistisch	(ir)réaliste
utopisch	utopique
die Utopie (n)	l'utopie
der Revolutionär (e)	le révolutionnaire

Die Gesellschaft ist in (A) soziale Schichten gegliedert.
einer Gesellschaftsschicht an/gehören
sich (A) jm. überlegen, unterlegen fühlen
die kleinen Leute, die oberen 10 000 (Zehntausend)
die herrschende Klasse
die führenden, privilegierten Klassen
Er ist ein hohes Tier.
freiberuflich tätig *sein
Er besitzt (besaß, besessen) Ländereien, er schwimmt im Geld.
Angst vor dem Verlust bestehender Privilegien haben
materielle, finanzielle Sorgen haben
Armut breitet sich (A) auch in den Industriestaaten aus.
Die Verarmung ist auf die steigende Arbeitslosigkeit zurückzuführen.
sich (A) gegen Willkür, für Gerechtigkeit ein/setzen
Sexismus besteht auf dem Vorurteil, daß...
bei gleicher Arbeit Anspruch auf gleichen Lohn haben
die rechtliche Gleichstellung von Mann und Frau
die Welt verbessern (der Weltverbesserer)

+++ chap. **1** (le monde du travail), p. **128** (la politique sociale)

La société est divisée en couches sociales.
appartenir à une couche sociale
se sentir supérieur, inférieur à qn.
les petites gens, les *200 000 familles*
la classe dominante
les classes dirigeantes, privilégiées
C'est une grosse légume.
exercer une profession libérale
Il possède des propriétés, il est cousu d'or.
avoir peur de perdre des privilèges acquis
avoir des soucis matériels, financiers
La pauvreté se répand également dans les pays industrialisés.
L'appauvrissement est dû à l'augmentation du chômage.
lutter contre l'arbitraire, pour la justice
Le sexisme est basé sur le préjugé, selon lequel...
avoir droit à un salaire égal à travail égal
l'égalité juridique de l'homme et de la femme
refaire le monde (le redresseur de torts)

Minderheiten und Randgruppen

jn. unterdrücken	opprimer qn.
die Unterdrückung	l'oppression
jn. benachteiligen	défavoriser qn.
die Benachteiligung (en), die Diskriminierung (en)	la discrimination
jn. diskriminieren	discriminer qn.
jn. herab/setzen	abaisser qn.
die Minderheit (en)	la minorité
die Rasse (n)	la race
rassisch	racial
rassistisch	raciste
der Rassismus	le racisme
die Rassentrennung	la ségrégation raciale
die Rassenunruhen	les troubles raciaux
die Spannung (en)	la tension
der Mischling (e)	le métis
der Farbige [adj. subst.]	l'homme de couleur
der Schwarze [adj. subst.], der Neger (-)	le Noir
der Indianer (-)	l'Indien [d'Amérique]
der Zigeuner (-)	le Tzigane, le Bohémien
der Stamm ("e)	la tribu
seßhaft	sédentaire
der Nichtseßhafte [adj. subst.]	la personne sans domicile fixe, le nomade
*umher/ziehen (o, o)	mener une vie de nomade
der Einheimische [adj. subst.]	l'autochtone
der Einwanderer (-)	l'immigrant
*ein/wandern	immigrer
*aus/wandern	émigrer
der Gastarbeiter (-)	le travailleur immigré
der Ausländer (-)	l'étranger [nationalité]
der Fremde [adj. subst.]	l'étranger, l'inconnu
jn. ein/gliedern, integrieren	intégrer qn.
die Eingliederung, die Integration	l'intégration
die Assimilation	l'assimilation
jn. ein/bürgern	naturaliser qn.
die Einbürgerung	la naturalisation

Minorités et marginaux

der Unterschied (e)	la différence
sozio-kulturell	socio-culturel
die Randgruppe (n)	le groupe marginal
das Elendsviertel (-),	
der Slum (s) [pr. angl.]	le bidonville
die Baracke (n)	le baraquement
obdachlos	sans-abri
der Obdachlose [adj. subst.]	le sans-abri
der Penner (-) [péj.]	le clodo [pop.]
der Landstreicher (-)	le vagabond
um etw. betteln	mendier qch., faire la mendicité
der Bettler (-)	le mendiant
der Asoziale [adj. subst.]	l'asocial
der Außenseiter (-)	le marginal
der Aussteiger (-)	le marginal, le paumé
*aus/steigen (ie, ie)	se mettre en marge de la société
versagen	échouer, ne pas réussir qch.
der Versager (-)	le raté
die Norm (en)	la norme
normal	normal
von etw. *ab/weichen (i, i)	s'écarter de qch.
sich (A) etw. (D) an/passen,	
sich (A) an etw. (A) an/passen	s'adapter à qch.
die Anpassungsschwierigkeiten [pl.]	les difficultés d'adaptation
jn. aus/schließen (o, o)	exclure qn.
das Vorurteil (e)	le préjugé
etw. (D) ausgesetzt *sein	être exposé à qch.
das Sexualverhalten	le comportement sexuel
die Homosexualität	l'homosexualité
der Homosexuelle [adj. subst.]	l'homosexuel
der Schwule [adj. subst.]	le pédéraste
homosexuell, schwul	homosexuel, gay
die Lesbierin (in)	la lesbienne
lesbisch	lesbien
die Prostitution	la prostitution
die Prostituierte [part. subst.]	la prostituée
sich (A) prostituieren	se prostituer
die Hure (n) [péj.]	la putain

Er ist hier fremd.
Er ist ausländischer Herkunft.
ein gemischt-rassiges Paar, eine Mischehe
jn. auf Grund seiner Rasse, seines Geschlechtes benachteiligen
jm. (gegenüber) feindlich gesinnt *sein
Wie setzt sich die südafrikanische Bevölkerung zusammen?
Aus Schwarzen, Weißen, Asiaten und Mischlingen.
Die Apartheid-Politik zielt auf eine Rassentrennung hin.
Auch in Europa *treten (a, e, i) rassistische Tendenzen auf.
Westeuropa ist faktisch zu einem Einwanderungsgebiet geworden.
Manche wünschen eine Rückkehr der Ausländer in ihre Herkunftsländer.
die Rückkehrhilfe für Rückwanderer
den Zuzug zusätzlicher ausländischer Arbeitnehmer begrenzen
sexuelle, soziale, ethnische Minderheiten
in einem Obdachlosenheim *unter/kommen (a, o)
Die Obdachlosigkeit nimmt mit wachsender Armut zu.
In den Slums von Rio vegetieren viele Obdachlose dahin.
Der soziale Abstieg *geht mit Alkoholismus und Prostitution einher.
nicht der Norm (D) entsprechen (a, o, i)
nicht gesellschaftlich integriert *sein
sich (A) öffentlich zu seiner Sexualität bekennen (a, a)
auf den Strich *gehen (i, a)
jn. zum Außenseiter stempeln
Außenseiter wollen sich (A) nicht unter Zwang an/passen.
Sie werden aufgrund (G) ihrer Normabweichung aus der Gesellschaft ausgeschlossen.
Vorurteile haben (hegen), ab/legen
Vorurteile ab/bauen

+++ p. 20 (les pays du monde), p. 32 (problèmes Nord-Sud), p. 164 (propriété et location), p. **24** (droits et conflits sociaux), p. **108** (l'État), p. **132** (extrémisme et terrorisme), p. **178** (crimes et délits), p. **220** (l'opinion)

Il n'est pas ici.
Il est d'origine étrangère.
un couple mixte
défavoriser qn. en raison de sa race, de son sexe
être hostile à qn.
Comment se compose la population sud-africaine?
De Noirs, de Blancs, d'Asiatiques et de métis.
La politique d'Apartheid a pour objectif la ségrégation raciale.
Des tendances racistes se font jour également en Europe.
L'Europe de l'Ouest est devenue de facto une zone d'immigration.
Certains souhaitent un retour des étrangers dans leurs pays d'origine.
l'aide au retour pour les personnes retournant au pays
limiter la venue de travailleurs étrangers supplémentaires
des minorités sexuelles, sociales, ethniques
trouver refuge dans un foyer pour sans-abri
Le nombre des sans-abri augmente en même temps que la pauvreté.
Beaucoup de sans-abri végètent dans les bidonvilles de Rio.
La déchéance sociale s'accompagne d'alcoolisme et de prostitution.
ne pas correspondre à la norme
ne pas être intégré dans la société
assumer ouvertement sa sexualité
faire le trottoir
taxer qn. de marginal
Les marginaux ne veulent pas s'adapter sous la contrainte.
Ils sont exclus de la société parce qu'ils sortent de la norme
   (en raison de leur déviance).
avoir des préjugés, se défaire de ses préjugés
abolir (faire tomber) les préjugés

Demonstrationen und öffentliche Ordnung

gegen etw. auf/begehren	s'élever, protester contre qch.
gegen etw. protestieren	protester contre qch.
der Protest (e)	la protestation
die Protestbewegung (en)	le mouvement de protestation
sich (A) etw. (D) widersetzen	s'opposer à qch.
sich (A) gegen etw. auf/lehnen	s'insurger contre qch.
sich (A) gegen etw. erheben (o, o)	se soulever contre qch.
aufsässig, aufmüpfig	contestataire
der Aufstand ("e)	le soulèvement
an etw. (D) teil/nehmen (a, o, i)	participer à qch.
die Teilnahme (n)	la participation
sich (A) versammeln (en)	se rassembler, se réunir
die Versammlung (en)	la réunion
demonstrieren	manifester
die Demonstration (en)	la manifestation
die Demo (s)	la manif
der Demonstrant (en, en)	le manifestant
die Aktion (en)	l'action
friedlich	pacifique
die Gewalt [sg.]	la violence
gewaltlos	non-violent
gewalttätig	violent
der Molotowcocktail (s)	le cocktail Molotov
sich (A) vermummen	mettre une cagoule
der Krawall (e)	la bagarre
eine Straße sperren	barrer une rue
die Barrikade (n)	la barricade
sich (A) verbarrikadieren	s'enfermer, se barricader
der Rowdy (s) [pr. angl.], der Hooligan (s) [pr. angl.], der Halbstarke [adj. subst.].	le voyou
der Randalierer (-)	le *casseur*
der Punker (-) [pr. angl.]	le punk
der Skinhead (s) [pr. angl.]	le skin-head

Manifestations et ordre public

(jn.) provozieren	faire de la provocation (provoquer qn.)
jn. schockieren	choquer qn.
zynisch	cynique
die Polizei	la police
das Polizeipräsidium (-dien)	la *préfecture* de police
das Polizeirevier (e)	le commissariat de police
polizeilich	policier
uniformiert	en uniforme
der Polizist (en, en)	le policier
der Bulle (n, n) [péj.]	le flic
der Polizeispitzel (-)	le mouchard
der Bundesgrenzschutz [abr. : BGS]	la police fédérale des frontières
etw. (A) beschützen	protéger qch.
etw. (A) bewachen	garder qch.
jn. überwachen	surveiller qn.
ein/greifen (i, i)	intervenir
der Polizeihund (e)	le chien policier
der Spürhund (e)	le limier
die Streife (n)	la patrouille, la ronde
der Streifenwagen (-)	la voiture de police
die grüne Minna	le panier à salade
die Sirene (n)	la sirène
heulen	hurler
das Blaulicht (er)	le gyrophare
der Schlagstock (¨e), der Gummiknüppel (-)	la matraque
jn. nieder/knüppeln	matraquer qn.
auf jn. ein/schlagen (u, a, ä)	frapper qn.
das Tränengas [sg.]	le gaz lacrymogène
etw. (A) unterdrücken	réprimer qch.
blutig	sanglant
die Repression (en)	la répression
die Repressalie (n)	la représaille

jn. auf (A) ein Problem aufmerksam machen
gegen die Welt der Erwachsenen protestieren
Barrikaden errichten, bauen
auf die Barrikaden *gehen (i, a)
gegen etw. (offenen, aktiven, passiven) Widerstand leisten
zum bewaffneten Widerstand auf/rufen (ie, i)
durch sein provozierendes Auftreten *auf/fallen (ie, a, ä)
in eine gewalttätige Auseinandersetzung (A) mit der Polizei verwickelt *sein
mit kahlgeschorenem Kopf *herum/laufen (ie, au, äu)
Sie haben im Stadion randaliert.
Die Zahl der Demonstrationen hat sich (A) verdoppelt, verdreifacht.
Demonstrationen haben den Zweck, politische Ziele durchzusetzen.
Dadurch wird Druck auf die Verantwortlichen ausgeübt.
Die Polizeigewalt obliegt (a, e) den Bundesländern.
für die Aufrechterhaltung der öffentlichen Sicherheit und Ordnung sorgen
Der Bundesgrenzschutz ist dem Bundesinnenminister unterstellt.
Er wird unter anderem bei Großdemonstrationen eingesetzt.
die Personalien [pl.] eines Demonstranten überprüfen
verpflichtet *sein, der Polizei seinen Personalausweis vorzuzeigen
jn. auf Schritt und Tritt überwachen
die polizeiliche Überwachung verdächtiger Personen
jn. (nach Waffen) durchsuchen
Es *kam zu beiderseitigen Ausschreitungen.
Dem Polizisten (D) ist eine Panne unterlaufen.
von der Waffe Gebrauch machen
zu schnell zur Waffe greifen (i, i)
Repressalien gegen jn. ergreifen (ergriff, ergriffen)
Repressalien (D) ausgeliefert *sein
ohne Vorwarnung auf offener Straße erschossen *werden
Kritik am Verhalten von Polizei-Beamten üben
über eine mangelhafte Schießausbildung verfügen
den Ausnahmezustand aus/rufen (ie, u), auf/heben (o, o)

+++ p. **24** (droits et conflits sociaux), p. **132** (extrémisme et terrorisme)

attirer l'attention de qn. sur un problème
protester contre le monde des adultes
élever, construire des barricades
monter sur les barricades
opposer une résistance (ouverte, active, passive) à qch.
appeler à la résistance armée
se faire remarquer par son attitude provocante
être impliqué dans une bagarre avec la police
se promener la tête rasée
Ils ont fait du tapage dans le stade.
Le nombre de manifestations a doublé, triplé.
Les manifestations ont pour but de faire aboutir des objectifs politiques.
De cette façon, on exerce une pression sur les responsables.
La Police est du ressort des « Länder ».
veiller au maintien de l'ordre et de la sécurité publics
La Police des frontières relève du ministre de l'Intérieur.
Entre autre, on a recours à elle lors de grandes manifestations.
vérifier l'identité d'un manifestant
être tenu de présenter sa carte d'identité à la police
surveiller les faits et gestes de qn., prendre qn. en filature
la surveillance policière (filature) des suspects
fouiller qn. (à la recherche d'armes)
Des excès furent commis de part et d'autre.
Le policier a commis une bavure.
faire usage de son arme
faire un usage intempestif de son arme (avoir la gachette facile)
exercer des représailles contre qn.
être victime de représailles
être abattu en pleine rue sans sommation
critiquer le comportement de fonctionnaires de police
disposer d'une formation au tir insuffisante
proclamer, lever l'état de siège (la loi martiale)

Verbrechen und Straftaten

die Straftat (en), das Delikt (e)	le délit
das Kavaliersdelikt (e)	le délit mineur, la petite infraction
der Straffällige [adj. subst.]	le délinquant
der Straftäter (-), der Täter (-)	le coupable, l'auteur du délit
der Mittäter (-), der Komplize (n, n)	le complice
das Verbrechen (-)	le crime
der Verbrecher (-), der Kriminelle	le criminel [adj. subst.]
verbrecherisch	criminel
die Verbrecherwelt, die Unterwelt	la pègre
der Gangster (-) [pr. angl.]	le gangster
der Ganove (n, n)	la crapule, le bandit
die Bande (n)	la bande
der Diebstahl ("e)	le vol
der Dieb (e)	le voleur
der Raub (e)	le vol à main armée
der Taschendieb (e)	le voleur à la tire, le pickpocket
jm. etw. (A) stehlen (a, o, ie)	voler qch. à qn.
jn. bestehlen (a, o, ie)	voler qn.
etw. (A) entwenden [v. faible régulier]	dérober qch.
der Bankräuber (-)	le braqueur de banque
der Raubüberfall ("e)	le hold-up
jn. überfallen (ie, a, ä)	attaquer qn.
der Einbruch ("e)	le cambriolage
bei jm. ein/brechen (a, o, i)	cambrioler qn.
*ein/brechen (a, o, i)	pénétrer par effraction
der Einbrecher (-)	le cambrioleur
sich (A) etw. (G) bemächtigen	s'emparer de qch.
die Beute (n)	le butin
etw. (A) versteckt halten (ie, a, ä)	cacher, recéler qch.
die Hehlerei	le recel
der Hehler (-)	le receleur
jn. erpressen	faire chanter qn.
die Erpressung (en)	le chantage
der Erpresser (-)	le maître chanteur
jn. bestechen (a, o, i)	corrompre, acheter qn.
die Bestechung (en)	la corruption
unbestechlich	incorruptible

Crimes et délits

bestechlich, käuflich	corruptible, vénal
jn. betrügen (o, o)	escroquer qn.
die Betrügerei (en)	l'escroquerie
der Betrüger (-)	l'escroc
der Gauner (-)	le filou, l'escroc
etw. (A) unterschlagen (u, a, ä)	détourner qch. [argent]
die Unterschlagung (en)	le détournement (de fonds)
jn. zu etw. nötigen	contraindre, forcer qn. à qch.
die Nötigung	la contrainte
jn. vergewaltigen	violer qn.
die Vergewaltigung (en)	le viol
das Sittlichkeitsverbrechen (-)	le crime sexuel
der Sittlichkeitsverbrecher (-)	l'auteur d'un crime sexuel
die Blutschande, der Inzest	l'inceste
der Menschenhandel	la traite des blanches, des noirs
die Zuhälterei	le proxénétisme
der Zuhälter (-)	le proxénète, le souteneur
mit jm. ab/rechnen	régler ses comptes avec qn.
die Abrechnung (en)	le règlement de comptes
die Rache (n)	la vengeance
sich (A) an jm. rächen	se venger de qn.
jn. bedrohen	menacer qn.
die Bedrohung (en)	la menace
die Waffe (n)	l'arme
der Waffenbesitz	la détention d'armes
die Pistole (n)	le pistolet
die Pistole ziehen (o, o)	dégainer
der Revolver (-)	le revolver
jn. verletzen	blesser qn.
die Körperverletzung (en)	la blessure (corporelle)
jn. um/bringen (a, a), jn. töten	tuer qn.
jn. ermorden	assassiner qn.
die Ermordung (en)	l'assassinat
der Mord (e) (an jm.)	le meurtre (de qn.)
der Mörder (-)	le meurtrier, l'assassin
der Vatermord (e)	le parricide
der Vatermörder (-)	le (fils) parricide
der Kindesmord (e)	l'enfanticide

eine schwere, geringfügige Straftat begehen (i, a), verüben
straffällig *werden
ein straffälliger Jugendlicher [adj. subst.]
Ihr Sohn ist auf frischer Tat beim Stehlen ertappt worden.
Er hat sich (A) strafbar gemacht.
Zur Tatzeit war er noch nicht 14. Er war erst 13.
ein Juweliergeschäft aus/rauben
Gestern nacht wurden U-Bahn-Fahrgäste überfallen.
Sie wurden beraubt.
Sie wurden ihrer Wertsachen (G) entledigt (beraubt).
Die Täter sind mit der Beute *entkommen.
Bei uns ist eingebrochen worden.
Die Einbrecher sind durch ein Fenster ins Haus eingedrungen (a, u).
eine Tür auf/brechen (a, o, i)
Sie hatten es auf Schmuck und Hi-Fi-Geräte abgesehen.
Die Täter erpreßten von den Eltern eine hohe Geldsumme.
die räuberische Erpressung
sich (A) der Hehlerei (G) schuldig machen
jn. mit dem Messer, mit dem Tode bedrohen
jn. mit vorgehaltener Pistole bedrohen
Die Bankräuber waren schwer bewaffnet.
Hände hoch, oder ich schieße!
Der Dieb riß der alten Dame die Tasche aus der Hand.
Täter machen immer häufiger von der Waffe Gebrauch.
Sie hatten vorerst einen Aufseher bestochen.
Sie haben einen Fußgänger auf offener Straße ermordet.
Die Schlägerei ist schlimm ausgegangen.

+++ p. **132** (extrémisme et terrorisme)

commettre un délit grave, mineur
commettre un délit
un délinquant juvénile
Leur fils a été pris en flagrant délit de vol.
Il s'est rendu coupable d'un délit.
Au moment des faits, il n'avait pas encore 14 ans. Il n'avait que 13 ans.
dévaliser une bijouterie
La nuit dernière, des voyageurs ont été attaqués dans le métro.
On les a volés.
Ils ont été dépouillés (détroussés) de leurs objets de valeur.
Les auteurs se sont enfuis (ont réussi à s'enfuir) avec leur butin.
Nous avons été cambriolés.
Les cambrioleurs sont entrés dans la maison par une fenêtre.
fracturer une porte
Ils recherchaient (ont jeté leur dévolu sur) des bijoux et du matériel hi-fi.
Les coupables ont extorqué une grosse somme d'argent aux parents.
l'extorsion de fonds
se rendre coupable de recel
menacer qn. avec un couteau, de mort
menacer qn. en brandissant un pistolet
Les auteurs du hold-up étaient armés jusqu'aux dents.
Haut les mains ou je tire!
Le voleur arracha le sac des mains de la vieille dame.
Les criminels font de plus en plus usage de leurs armes.
Ils avaient d'abord acheté la complicité d'un surveillant.
Ils ont assassiné un piéton en plein milieu de la rue.
La bagarre s'est mal terminée.

Die Kriminalpolizei

die Kriminalpolizei [abr. : Kripo]	la police judiciaire
der Kommissar (e)	le commissaire
der Hauptkommissar (e)	le commissaire divisionnaire
der Kripo-Beamte [part. subst.]	l'agent de police judiciaire
der Kriminologe (n, n)	le criminologue, le criminologiste
die Kriminalität	la criminalité, la délinquance
die Jugendkriminalität	la délinquance juvénile
die Kriminalitätsrate (n)	le taux de criminalité
die Dunkelziffer (n)	le nombre de délits inconnus
etw. (A) an/zeigen	déposer une plainte pour qch.
jn. an/zeigen	dénoncer qn. - porter plainte contre qn.
die Anzeige (n)	la plainte, la déclaration
die Beschwerde (n)	la plainte - le recours
Beschwerde ein/legen	déposer un recours
etw. (A) registrieren	enregistrer qch.
nach jm. fahnden	rechercher qn. [le coupable]
die Fahndung (en)	les recherches
die Ermittlung (en)	l'enquête
das Ermittlungsverfahren (-)	la procédure d'enquête
gegen jn. ermitteln	enquêter sur qn.
etw. (A) ermitteln	découvrir, identifier qch.
der Kronzeuge (n, n)	le témoin numéro un

Der Anstieg der Jugendkriminalität wird mit Besorgnis beobachtet.
Sie macht etwa 10 Prozent der Gesamtkriminalität aus.
Verkehrsdelikte werden nicht als Verbrechen betrachtet.
Die Kripo widmet sich (A) der Bekämpfung (D) der Kriminalität (G).
Ein Polizist brachte den Mörder in seine Gewalt (er überwältigte ihn).
Kürzlich hat die Polizei eine Bande zerschlagen.
Vergewaltigte Frauen neigen dazu, das Delikt zu verschweigen (ie, ie).
einen Diebstahl bei der Polizei an/zeigen
Anzeige gegen Unbekannt erstatten
Wir werden unverzüglich Ermittlungen ein/leiten.
Der Täter stand auf der Fahndungsliste der Polizei.
etw. (A) zu Protokoll geben (a, e, i)
die Aussagen des Täters zu Protokoll nehmen (a, o, i)
ein Protokoll auf/nehmen (a, o, i), unterschreiben (ie, ie)
nach Zeugenaussagen

La police judiciaire

der (Augen)zeuge (n, n)	le témoin (oculaire)
aus/sagen	témoigner
etw. (A) aus/sagen	déclarer qch.
die Aussage (n)	le témoignage, la déclaration
jn. beschreiben (ie, ie)	décrire qn.
das Phantombild (er)	le portrait-robot
der Steckbrief (e)	l'avis de recherche
der Verdacht [auf etw. (A)]	le soupçon (de qch.)
jn. etw. (G) verdächtigen	soupçonner qn. de qch.
der Verdächtige [adj. subst.]	le suspect
das Alibi (s)	l'alibi
jn. fest/nehmen (a, o, i), verhaften	appréhender, arrêter qn.
die Festnahme (n), die Verhaftung (en)	l'arrestation
die Handschellen [pl.]	les menottes
jn. verhören, vernehmen (a, o, i)	interroger qn.
das Verhör (e), die Vernehmung (en)	l'interrogatoire
etw. (A) gestehen (gestand, gestanden)	avouer qch.
das Geständnis (se)	l'aveu
jn. foltern	torturer qn.
die Folter (n)	la torture, l'instrument de torture
das Protokoll (e)	le procès-verbal
der Haftbefehl (e)	le mandat d'arrêt

On observe avec inquiétude l'augmentation de la délinquance juvénile.
Elle représente environ 10 % de l'ensemble de la criminalité.
Les infractions au code de la route ne sont pas considérées comme des crimes.
La police judiciaire se consacre à la lutte contre la criminalité.
Un policier maîtrisa le meurtrier (il le maîtrisa).
Il y a peu de temps, la police a démantelé une bande.
Les femmes violées ont tendance à taire le délit.
faire une déclaration de vol à la police
porter plainte contre X
Nous allons commencer l'enquête sans tarder.
Le coupable figurait sur la liste des personnes recherchées par la police.
déposer, faire sa déposition
recueillir la déposition (les déclarations) du coupable
établir, signer un procès-verbal
selon les déclarations de(s) témoins

Der Zeuge hat eine genaue Beschreibung des Verdächtigen gegeben.
ein Phantombild an/fertigen
Er erklärte, das Auto sei ihm verdächtig vorgekommen.
Die Polizei hat den Täter und dessen Versteck ermittelt.
Die Wahrscheinlichkeit, ertappt zu werden, ist gering (hoch).
jm. auf die Spur *kommen (a, o), jm. auf der Spur *sein
jm. auf den Fersen *sein, die Polizei auf den Fersen haben
bei jm. eine Hausdurchsuchung vor/nehmen (a, o, i)
jn. ins Verhör nehmen (a, o, i)
jm. Fingerabdrücke ab/nehmen (a, o, i)
unter vorläufiger Festnahme stehen (a, a)
jn. vorläufig fest/nehmen (a, o, i)
ein Geständnis ab/legen, sein Geständnis widerrufen (ie, u)
ein Geständnis durch Folter erzwingen (a, u)
ein Verbrechen auf/klären
ein ungeklärter Fall
Der mutmaßliche Mörder ist festgenommen worden.
einen Haftbefehl gegen jn. erlassen (ie, a, ä), aus/stellen
jm. Handschellen an/legen
jm. das Handwerk legen
bei der Verbrechensbekämpfung nur mäßige Erfolge vor/weisen (ie, ie)
Die kolumbianische Polizei hat eine Tonne Kokain sichergestellt.

+++ P. **170** (marginaux), p. **212** (le vrai et le faux), p. **216** ([in]certitudes)

Le témoin a fait une description précise du suspect.
établir un portrait-robot
Il déclara que la voiture lui avait semblé suspecte.
La police a identifié le coupable et découvert sa cachette.
Le risque (la probabilité) d'être pris est faible (élevé).
retrouver la trace de qn., être sur les traces de qn.
être aux trousses de qn., avoir la police à ses trousses
perquisitionner chez qn.
procéder à l'interrogatoire de qn., interroger qn.
relever les empreintes digitales de qn.
être placé en garde à vue
placer qn. en garde à vue
passer aux aveux, se rétracter
obtenir un aveu sous la torture
élucider un crime
une affaire non élucidée
L'assassin présumé a été appréhendé.
placer qn. sous mandat d'arrêt
passer les menottes à qn.
mettre fin aux agissements de qn.
n'obtenir que des succès limités dans la lutte contre le crime
La police colombienne a saisi une tonne de cocaïne.

Die Justiz

die Justiz	la justice
unabhängig	indépendant
das Recht (e)	le droit
das Strafrecht	le droit pénal
die Rechtsprechung	la jurisprudence
das Gesetz (e)	la loi
gesetzlich, legal	légal
ungesetzlich, gesetzwidrig	contraire à la loi, illégal
illegal	illégal
die Gesetzesverletzung (en)	l'infraction (à la loi)
der Staatsanwalt ("e)	le procureur
der Richter (-)	le juge
der Untersuchungsrichter (-)	le juge d'instruction
die Untersuchung (en)	l'instruction
die Untersuchungshaft	la détention préventive
der Rechtsanwalt ("e)	l'avocat
die Rechtsanwältin (nen)	l'avocate
der Mandant, der Klient (en, en)	le client [d'un avocat]
die Klientel (en)	la clientèle [domaine juridique]
die Anklage (n)	l'accusation
die Verteidigung	la défense
das Gericht (e)	le tribunal, la cour
gerichtlich	du tribunal, juridique
zuständig	compétent [du ressort de]
das Gerichtsgebäude (-)	le palais de justice
das Amtsgericht (e)	le Tribunal d'instance
das Berufungsgericht (e)	la Cour d'appel

Das Vertrauen der Bevölkerung in die Justiz ist gesunken.
Das widerspricht (a, o, i) dem Sinn des Gesetzes.
das bürgerliche Gesetzbuch, das Strafgesetzbuch
Eltern sind für ihre Kinder strafrechtlich verantwortlich.
gegen ein Gesetz verstoßen (ie, o, ö), ein Gesetz verletzen
jn. in Untersuchungshaft [abr. : U-Haft] nehmen (a, o, i)
strafrechtlich verfolgt werden
gegen jn. einen Prozeß wegen (G) üble Nachrede führen
jn. gerichtlich belangen, gegen jn. gerichtlich *vor/gehen (i, a)
ein gerichtliches Verfahren gegen jn. ein/leiten

La justice

das Verwaltungsgericht (e)	le Tribunal administratif
das Schwurgericht, Schöffengericht	la Cour d'assises
der Geschworene [part. subst.], der Schöffe (n, n)	le juré
der Prozeß (Prozesse)	le procès
der Gerichtssaal (-säle)	le prétoire, la salle d'audience
die Gerichtsverhandlung (en)	les débats (judiciaires)
die Strafkammer (n)	la Chambre d'accusation
jn. einer Tat (G) an/klagen, jn. einer Tat (G) beschuldigen	accuser qn. d'un acte
der Angeklagte [part. subst.]	le prévenu, l'accusé
die Anklageschrift (en)	l'acte d'accusation
der Kläger (-)	le plaignant
die (Zeugen)vernehmung (en)	l'audition (des témoins)
schwören (o, o)	prêter serment, jurer
einen Eid leisten	prêter serment
einen Meineid schwören (o, o)	faire un faux serment
das Plädoyer (s) [pr. franç.]	le plaidoyer
plädieren	plaider
die Gerichtsentscheidung (en)	la décision du tribunal
die Schuld	la culpabilité
das Urteil (e)	le jugement, le verdict
gerecht	juste
ungerecht	injuste
die Gerechtigkeit	la justice
der Einspruch (¨e)	l'appel
ein Urteil auf/heben (o, o)	casser un jugement

La confiance de la population en la Justice a diminué.
Cela est contraire à l'esprit de la Loi.
le Code civil, le Code pénal
Les parents sont pénalement responsables de leurs enfants.
enfreindre une loi
placer qn. en détention provisoire
être poursuivi par la justice
intenter à qn. un procès pour diffamation
attaquer qn. en justice
engager une procédure judiciaire contre qn., intenter un procès à qn.

jn. vor Gericht laden (u, a, ä), ziehen (zog, gezogen)
wegen Mord(es) vor Gericht stehen (stand, gestanden)
sich (A) für etw. verantworten müssen
Er wurde wegen versuchten Raubes angeklagt.
wegen vorsätzlicher Körperverletzung [sg.] auf der Anklagebank sitzen (a, e)
zugunsten (G) des Angeklagten aus/sagen
Er hat in (aus) Notwehr gehandelt.
einem Angeklagten mildernde Umstände zu/billigen
sich (A) einer Sache (G) schuldig machen
jm. die ganze Schuld zu/schieben (o, o)
jn. für schuldig, unschuldig erklären
Alle gegen mich erhobenen Vorwürfe weise (ie, ie) ich zurück.
Das Gericht zieht (o, o) sich (A) zur Beratung zurück.
unter Ausschluß der Öffentlichkeit statt/finden (a, u)
ein Urteil fällen [v. faible.], an/fechten (o, o, i)
Wie lautet das Urteil? Das Urteil lautet auf Freispruch.
Er wurde mangels (G) Beweises [sg.] freigesprochen.
Er wurde in Abwesenheit verurteilt.
Die Strafe wurde zur Bewährung ausgesetzt.
Ein Justizirrtum ist nie auszuschließen.
gegen das Urteil Berufung (Einspruch) ein/legen, erheben (o, o)
in die Berufung *gehen (i, a)
gegen ein Urteil Revision beantragen [v. faible]

+++ p. **220** (l'opinion), p. **224** (la discussion), p. **228** (accord et refus)

citer, traîner qn. en justice
comparaître pour meurtre (devant le tribunal)
devoir répondre de qch.
Il a été accusé de tentative de vol.
être assis sur le banc des accusés pour coups et blessures volontaires
témoigner en faveur de l'accusé
Il a agi en état de légitime défense.
accorder les circonstances atténuantes à un accusé
se rendre coupable d'un fait
rejeter toute la responsabilité sur qn.
déclarer qn. coupable, innocent
Je réfute toutes les charges portées contre moi.
La cour se retire pour délibérer.
se dérouler à huit-clos
rendre, contester un jugement
Quel est le verdict? Le tribunal a prononcé l'acquittement.
Il a été acquitté faute de preuves.
Il a été condamné par contumace.
Le sursis a été accordé.
Une erreur judiciaire est toujours possible (n'est jamais à exclure).
faire appel contre un jugement
se pourvoir en cassation
déposer une demande de révision d'un jugement

Die Strafen

die Strafe (n)	la peine, le châtiment
exemplarisch	exemplaire
jn. (A) bestrafen	punir qn., châtier qn.
etw. (A) bestrafen, ahnden	châtier qch., réprimer qch.
rückfällig *werden	récidiver
der Rückfalltäter, der Wiederholungstäter (-)	le récidiviste
der Vorbestrafte [part. subst.]	le repris de justice
jn. zu etw. verurteilen	condamner qn. à qch.
die Verurteilung (en)	la condamnation
der Verurteilte [part. subst.]	le condamné
die Geldstrafe (n)	l'amende
der Schaden(s)ersatz [sg.]	les dommages et intérêts
der Freiheitsentzug [sg.]	la réclusion, l'emprisonnement
die Freiheitsstrafe (n)	la peine de prison
die Zwangsarbeit [sg.]	les travaux forcés
jn. ein/sperren, inhaftieren	emprisonner, incarcérer qn.
das Gefängnis (se)	la prison
der Gefängniswärter (-)	le surveillant, le gardien de prison
die Haftanstalt (en)	l'établissement pénitentiaire
überfüllt	surpeuplé
der Häftling (e)	le détenu
der (Straf)gefangene [part. subst.]	le prisonnier (de droit commun)
der Mitgefangene [part. subst.]	le codétenu

Wie kann die Gesellschaft dauerhaft vor Verbrechern geschützt werden?
Ein solches Verbrechen rechtfertigt eine hohe Strafe.
Er erhielt drei Monate Gefängnis mit Bewährung.
zu einer langjährigen Gefängnisstrafe verurteilt werden
jn. zu lebenslänglicher Haft verurteilen
eine Freiheitsstrafe verbüßen
Er sitzt (im Gefängnis).
Er sitzt hinter Gittern, im Knast.
Er hat seine Strafe abgesessen.
jm. die bürgerlichen Rechte ab/erkennen (a, a)
die Todesstrafe befürworten, ab/lehnen, ab/schaffen [v. faible]
die Wiedereinführung, die Abschaffung der Todesstrafe fordern
Hat die Todesstrafe eine abschreckende Wirkung auf die Mörder?

Les peines

die Zelle (n)	la cellule
der Hochsicherheitstrakt (e)	le quartier de haute sécurité (QHS)
die Verbannung	le bannissement
jn. verbannen	bannir qn.
die Todesstrafe	la peine de mort
die Hinrichtung (en)	l'exécution
der Tod durch den Strang	la pendaison
jn. hängen [v. faible]	pendre qn.
jn. enthaupten	décapiter qn.
das Fallbeil, die Guillotine	la guillotine
jn. erschießen (o, o)	fusiller qn.
der Henker (-)	le bourreau
jn. begnadigen	grâcier qn.
die Begnadigung (en)	la grâce
die Resozialisierung	la réinsertion sociale
der Fluchtversuch (e)	la tentative d'évasion
*gelingen (a, u)	réussir
*scheitern	échouer
*aus/brechen (a, o, i)	s'évader
die Amnestie (n)	l'amnistie
jn. amnestieren	amnistier qn.
die Rehabilitierung (en)	la réhabilitation
jn. rehabilitieren	réhabiliter qn.
eine Strafe mildern	réduire une peine

Comment protéger durablement la société des criminels ?
Un tel crime justifie une peine élevée.
Il a eu trois mois de prison avec sursis.
être condamné à une longue peine de prison
condamner qn. à la prison à vie (à perpétuité)
purger une peine de prison
Il est en prison.
Il est derrière les barreaux, sous les verrous.
Il a purgé sa peine.
priver qn. de ses droits civiques
être favorable, être opposé à la peine de mort, supprimer la peine de mort
demander le rétablissement, la suppression de la peine de mort
La peine de mort a-t-elle un effet dissuasif sur les assassins ?

dem Staat das Recht auf Todesstrafe ab/sprechen (a, o, i)
ein Gnadengesuch beim Präsidenten ein/reichen
auf dem elektrischen Stuhl hingerichtet werden
jn. mit der Giftspritze, durch den Strang hin/richten
Die Isolation soll zu schweren psychischen Schäden führen.
jegliche Kontaktaufnahme mit der Außenwelt verhindern
gegen Isolationshaft mit Hungerstreiks protestieren
in den Hungerstreik *treten (trat, getreten, er tritt)
die Strafentlassenen in die Gesellschaft wiederein/gliedern
ein auf Resozialisierung ausgerichtetes Gefängnis
Die Bundesrepublik kauft politische Häftlinge aus der DDR frei.
wegen versuchter Flucht aus der DDR verurteilt werden
wegen guter Führung vorzeitig entlassen *werden
Er wird morgen wieder auf freien Fuß gesetzt (werden).
aus dem Gefängnis *aus/brechen (a, o, i)
auf der Flucht *sein

+++ p. 106 (la mort), p. 156 (les conflits)

dénier à l'État le droit d'appliquer la peine de mort
déposer une demande de grâce présidentielle
être exécuté sur la chaise électrique
exécuter qn. par injection de poison, par pendaison
L'isolement entraînerait de graves troubles psychiques.
empêcher tout contact avec le monde extérieur
protester contre l'isolement par des grèves de la faim
entamer une grève de la faim
réinsérer les anciens détenus dans la société
une prison ayant pour objectif la réinsertion des détenus
La RFA *achète la libération* de prisonniers politiques de RDA.
être condamné pour tentative de *fuite* de la RDA
obtenir une remise de peine pour bonne conduite
Il sera remis demain en liberté.
s'évader de prison
être en fuite

9. Die Medien

Die Information

die Kommunikation	la communication
das Kommunikationsmittel (-)	le moyen de communication
die (Massen)medien	les (mass-)média
die Medienlandschaft	le paysage médiatique
[jn. über etw. (A)] informieren	informer (qn. de qch.)
genau	exact(ement), de façon exacte
ausführlich	détaillé, en détail
die Information	l'information
glaubwürdig	crédible, digne de foi
unglaubwürdig	sujet à caution, peu digne de foi
die Meinung (en)	l'opinion
etw. (A) äußern	exprimer qch.
die Meinungsäußerung	l'expression (d'une opinion)
die Meinungsfreiheit	la liberté d'opinion
die öffentliche Meinung	l'opinion publique
die Meinungsbildung	la formation de l'opinion
der Einfluß ("sse)	l'influence
jn. beeinflussen	influencer qn.
die Beeinflussung (en) + G	l'influence exercée sur...
jn. manipulieren	manipuler qn.
die Manipulation (en)	la manipulation
die Lobby (s)	le groupe de pression, le lobby
die Presse	la presse
die Pressefreiheit	la liberté de la presse
etw. (A) gewährleisten	garantir qch.
die Gewährleistung (en), die Garantie (n)	l'assurance, la garantie
etw. (A) ein/schränken	restreindre, limiter qch.
die Einschränkung (en)	la limitation, la restriction
das Presserecht	le droit de la presse
die Pressekonzentration	la concentration de la presse
die Pressekonferenz (en)	la conférence de presse
die Presseagentur (en)	l'agence de presse
der Journalist (en, en)	le journaliste
journalistisch	journalistique
der Journalismus	le journalisme
die Nachricht (en)	la nouvelle, l'information

9. Les médias

L'information

die Meldung (en)	l'information, le communiqué
jm. etw. (A) mit/teilen	communiquer une information à qn.
etw. (A) melden	annoncer qch.
der Bericht (e)	le reportage - le rapport
über etw. (A) berichten,	
über etw. (A) Bericht erstatten	faire un reportage, un rapport sur qch.
die Berichterstattung	l'information [l'action d'informer]
objektiv, sachlich	objectif, objectivement
subjektiv	subjectif, subjectivement
einseitig	orienté, partisan
parteiisch	partial, tendancieux
unparteiisch, neutral	impartial, neutre
das Klischee (s)	le cliché, le lieu commun
klischeehaft	sans originalité
jn. befragen	interroger qn.
die Befragung (en)	l'enquête, le sondage
die Meinungsumfrage (n)	le sondage d'opinion
das Panel (s) [pr. angl.]	le panel
jn. interviewen	interviewer qn.
das Interview (s) [pr. angl.]	l'interview
die Tatsache (n)	le fait
tatsächlich	de fait, effectivement
der Zweifel (-)	le doute
etw. (A) an/zweifeln,	
etw. (A) bezweifeln	mettre qch. en doute, en question
zweifelhaft	douteux
etw. (A) berichtigen,	
etw. (A) richtig/stellen	rectifier qch.
die Berichtigung (en),	
die Richtigstellung (en),	
die Gegendarstellung (en)	le rectificatif
etw. (A) dementieren,	
etw. (A) widerrufen (ie, u)	démentir qch.
das Dementi (s), der Widerruf (e)	le démenti
etw. (A) bestätigen	confirmer qch.
die Bestätigung (en)	la confirmation
die Informationsquelle (n)	la source d'information

die Informations- und Unterhaltungsmedien
recherchieren, Nachforschungen an/stellen
eine Nachricht, ein Gerücht (e) in Umlauf bringen (a, a)
sich (D) eine eigene Meinung bilden
die freie Meinungsäußerung
einen entscheidenden Einfluß auf etw. (A) aus/üben
verschiedenen Einflüssen (D) ausgesetzt *sein
Mehrere Zeitungsverlage haben sich (A) zusammengeschlossen.
Die Pressekonzentration stellt eine Gefahr für die Meinungsvielfalt dar.
ein einseitiges Bild vermitteln
eine umfassende Information, Berichterstattung gewährleisten
sich (A) kritisch zu etw. äußern
In vielen Beiträgen werden eindeutige Stellungnahmen vermieden.
sich (A) der Wahrhaftigkeit (G) einer Meldung vergewissern
eine Mitteilung überprüfen
etw. (A) in Zweifel ziehen (o, o), setzen, stellen
einen Irrtum richtig/stellen
Anrecht auf Gegendarstellung haben
eine Meldung scharf dementieren
über die neuesten Ereignisse im Nahen Osten berichten
jm. die Erlaubnis erteilen, die Bevölkerung zu befragen
eine Pressekonferenz ein/berufen (ie, u), ab/halten (ie, a, ä)

+++ p. 212 (le vrai et le faux), p. 220 (l'opinion), p. 228 (accord et refus)

les moyens d'information et de divertissement
enquêter, faire une enquête
répandre une nouvelle, une rumeur
se faire sa propre opinion
la liberté d'expression
exercer une influence décisive sur qch.
être soumis à différentes influences
Plusieurs groupes de presse se sont associés.
La concentration de la presse représente un danger pour le pluralisme.
donner une image partisane
assurer une information diversifiée
tenir des propos critiques sur qch.
Dans de nombreux articles, on évite des prises de position tranchées.
s'assurer de l'exactitude (la véracité) d'une information
vérifier une information
mettre qch. en doute
rectifier une erreur
avoir un droit de réponse
opposer un démenti formel à une information
rendre compte des derniers événements du Moyen-Orient
donner l'autorisation à qn. d'interroger la population
convoquer, tenir une conférence de presse

Das Zeitungswesen

die Zeitung (en)	le journal
die Redaktion (en)	la rédaction
der Redakteur (e)	le rédacteur
der Chefredakteur (e)	le rédacteur en chef
der Berichterstatter (-), der Korrespondent (en, en)	le correspondant
der Reporter (-)	le reporter
die Reportage (n)	le reportage
auf Reportage sein	être en reportage
der Pressefotograf (en, en)	le photographe de presse
die Tageszeitung (en)	le quotidien
das Wochenblatt ("er)	l'hebdomadaire
die Monatsschrift (en)	le mensuel
die Zeitschrift (en)	la revue
das Magazin (e)	le magazine
die Illustrierte [part. subst.]	le magazine [illustré]
das Sensations-, Skandalblatt ("er)	le journal à scandale, à sensation
die Abendausgabe (n)	l'édition du soir
die Sonderausgabe (n)	l'édition spéciale
das Titelblatt ("er), die Titelseite (n)	la page de titre

Nur wenige Zeitungen haben eine eigene politische Redaktion.
Der politische Teil wird von anderen Zeitungen übernommen.
Wir beziehen keine Tageszeitung.
Er hat «Die Zeit» abonniert. Er ist auf den «Spiegel» abonniert.
die Fach-, Mode-, Fernsehzeitschrift (en)
Die Tageszeitung ist eine der wichtigsten Informationsquellen.
Nachrichten aus dem lokalen Bereich
einen Artikel überfliegen (o, o), flüchtig durch/lesen (a, e, ie)
Was steht heute in der Zeitung?
Das hat in der Zeitung gestanden.
Die Meldung von diesem Attentat hat Schlagzeilen gemacht.
Manchen Blättern (D) *geht es um reißerische Schlagzeilen.

La presse écrite

die Aufmachung (en)	la présentation
der Artikel (-)	l'article
der Leitartikel (-)	l'éditorial
die Schlagzeile (n)	la manchette, le gros titre
die Spalte (n)	la colonne
die Überschrift (en)	le titre [d'un article]
der Beitrag (¨e)	l'article, le reportage, le papier
der Wirtschaftsteil (e)	la rubrique, la chronique économique
der politische Teil	la rubrique politique
die Lokalseite (n)	la page locale
die Lokalnachrichten	les informations locales
der Wetterbericht (e)	le bulletin météo
die Wettervorhersage [sg.]	les prévisions météorologiques
die Beilage (n)	le supplément
der Fortsetzungsroman (e)	le roman-feuilleton
der Anzeigenteil (e)	les (la rubrique des) petites annonces
etw. (A) beziehen (o, o)	être abonné à qch.
der Bezugspreis (e)	le tarif d'abonnement
das Abonnement (s)	l'abonnement
der Abonnent (en, en)	l'abonné

Seul un petit nombre de journaux a une rédaction politique propre.
La rubrique politique est reprise d'autres journaux.
Nous ne sommes abonnés à aucun quotidien.
Il s'est (est) abonné au «Zeit». Il est abonné au «Spiegel».
la revue spécialisée, le magazine de mode, de télévision
Le quotidien est l'une des plus importantes sources d'information.
des informations locales
survoler un article
Qu'est-ce qu'il y a dans le journal d'aujourd'hui?
C'était (écrit) dans le journal.
La nouvelle de cet attentat a fait la une des journaux.
Certains journaux (feuilles) sont friands de manchettes accrocheuses.

Der Rundfunk

der Rundfunk, das Radio	la radio
die Rundfunkanstalt (en)	la station de radio
die Rundfunkgebühr (en)	la redevance radio
etw. (A) senden (sendete, gesendet), etw. (A) aus/strahlen	émettre, diffuser qch.
der Sender (-)	l'émetteur, la station de radio
der Auslandssender (-)	la radio étrangère
die Sendung (en)	l'émission
die Sendezeit (en)	l'horaire de diffusion
etw. (A) empfangen (i, a, ä)	recevoir, capter qch.
der Empfang	la réception
etw. (A) stören	perturber qch.
die Störung (en)	l'incident technique

Schalt das Radio ein (an), dreh das Radio an! Stell es an!
Schalt das Radio aus (ab), dreh das Radio aus! Stell es aus (ab)!
Er hört meistens Radio Bremen.
Dieses Programm wird von allen Sendern ausgestrahlt.
Empfangt ihr hier einen ausländischen Sender?
Der Empfang ist einwandfrei, miserabel.
Der Sender wird gestört.
Auf welcher Frequenz sendet der Deutschlandfunk?
auf Langwelle, auf UKW
Wir bringen nun Nachrichten aus aller Welt.
Sie hörten einen Beitrag unseres Korrespondenten in Paris.
Das Konzert wurde in Stereo gesendet.
sich (A) an bestimmte Hörergruppen wenden (wandte, gewandt)

+++ p. 230 (images et son), p. **242** (la musique)

La radio

die Störungen	les parasites
die Nachrichtensendung (en)	l'émission d'information
die Unterhaltungssendung (en)	l'émission de divertissement
[sich (D)] etw. (A) an/hören	écouter qch.
die Hitparade (n)	le hit-parade
das Hörspiel (e)	la pièce radiophonique
der Ansager (-), der Sprecher (-)	le présentateur, le speaker
die Welle (n)	l'onde
die Wellenlänge (n)	la longueur d'ondes
die Kurzwelle [sg.]	les ondes courtes
die Mittelwelle [sg.]	les ondes moyennes
die Langwelle [sg.]	les grandes ondes
die Ultrakurzwelle (UKW)	la modulation de fréquence (FM)

Branche la radio! Allume-la!
Éteins la radio! Arrête-la!
Il écoute la plupart du temps «Radio Bremen».
Ce programme est diffusé par toutes les radios.
Est-ce qu'ici vous captez une radio étrangère?
La réception est parfaite, épouvantable.
L'émetteur est brouillé.
Sur quelle fréquence le «Deutschlandfunk» émet-il?
sur les grandes ondes, en FM
Voici maintenant les informations internationales!
C'était un reportage de notre correspondant à Paris.
Le concert a été diffusé en stéréo.
s'adresser à un certain public

Das Fernsehen

das Fernsehen	la télévision
der Fernsehsender (-), das Programm (e)	la chaîne de télévision
der Intendant (en, en)	le directeur [radio, télé, théâtre]
fern/sehen (a, e, ie)	regarder la télévision
der Fernsehapparat (e), das Fernsehgerät (e)	le poste de télévision
der (Farb)fernseher (-)	le téléviseur (couleur)
der Bildschirm (e)	l'écran
die Bildröhre (n)	le tube cathodique
das Bild (er)	l'image
der Klang	la sonorité
die Lautstärke	le volume
die Farbe (n)	la couleur
die Helligkeit	la luminosité
der Kontrast (e)	le contraste
die Bildschärfe	la netteté
scharf	net
unscharf	flou
die Fernbedienung	la télécommande
etw. (A) ein/stellen	régler qch.
die Antenne (n)	l'antenne
etw. (A) unterbrechen (a, o, i)	interrompre qch.
die Unterbrechung (en)	l'interruption
die Fernsehansagerin (nen)	la présentatrice, la speakerine
das Fernsehprogramm (e)	le programme de télévision

die ARD, das ZDF
Im ersten Programm *kommt die Tagesschau um acht.
Das Fernsehen ist das am häufigsten genutzte Medium.
Der Fernseher *läuft von morgens bis abends.
auf den Knopf drücken
Der Druck auf den Knopf ist zum Reflex geworden.
sich (D) etw. (A) auf dem Bildschirm an/sehen (a, e, ie)
Manche sehen sich (D) wahllos alles an.
Jeden Abend gucken sie in die Glotze [fam.].
Kann das Gesehene geistig verarbeitet werden?
Zur Zeit *läuft eine amerikanische Fernsehserie über den Bildschirm.

La télévision

das Regionalprogramm (e)	le programme régional
der Fernsehfilm (e)	le téléfilm
die (Fernseh)serie (n)	la série, le feuilleton télévisé
das Quiz (-), die Quizsendung [kvis]	le jeu télévisé
das Forum (Foren), die Debatte (n)	le débat
der Moderator (-toren)	le présentateur, l'animateur
der Fernsehzuschauer (-)	le téléspectateur
[sich (D)] etw. (A) an/sehen (a, e, ie)	regarder qch.
etw. (A) übertragen (u, a, ä)	retransmettre qch.
die (Direkt)übertragung (en)	la retransmission (en direct)
die Live-Sendung (en) [pr. angl.]	l'émission en direct
etw. (A) auf/zeichnen	enregistrer qch.
die Aufzeichnung (en)	l'enregistrement
etw. (A) wiederholen	rediffuser qch.
die Wiederholung (en)	la rediffusion
um/schalten	changer de chaîne
das Studio (s)	le studio
das (Fernseh)team (s) [pr. angl.]	l'équipe de télévision
das Kabelfernsehen	la télévision par câble
etw. (A) verkabeln	câbler qch.
das Privatfernsehen	la télévision privée
der (Fernmelde)satellit (en)	le satellite (de télécommunications)
die Parabolantenne (n)	l'antenne parabolique
die Fernsehgebühr (en)	la redevance télévision
der Fernsehturm (¨e)	la tour de télévision
die Einschaltquote (n)	le taux d'audience

la première chaîne, la deuxième chaîne de télévision (RFA)
Sur la première chaîne, le journal télévisé est à huit heures.
La télévision est le mass-média le plus utilisé.
La télévision est allumée (marche) du matin au soir.
appuyer sur le bouton
Appuyer sur le bouton est devenu un réflexe.
regarder qch. sur le petit écran
Certains regardent tout sans discernement.
Ils regardent la télé tous les soirs.
Peut-on digérer (intellectuellement) ce que l'on voit?
Un feuilleton télévisé américain passe actuellement à l'écran.

Das Bild ist unscharf. Es ist verzerrt.
Versuch doch, das Bild besser einzustellen!
Stellt den Fernseher etwas leiser, ein bißchen lauter!
Der Computer stört den Fernsehempfang. Er muß entstört werden.
Der bunte Abend *läuft im zweiten Programm.
Diesen Sender bekommt man auf Kanal 10.
Diese Sendung ist bei den Fernsehzuschauern gut angekommen.
Zu den Nachrichten schalten wir aufs erste Programm um.
Wir schalten um nach Hamburg.
Die Sendung wurde live [pr. angl.] aus München übertragen.
Das Fernsehen sendete eine Aufzeichnung der Festspiele [pl.].
Das Ereignis wurde über Satellit ausgestrahlt.
Private Sender ringen (a, u) um höhere Einschaltquoten.
Mit anspruchsvollen Sendungen lassen sich keine hohen Zuschauerzahlen erzielen.
das Programm dem Mehrheitsgeschmack [sg.] an/passen
Jeder Sender ist darauf aus, die Zuschauer zu binden.
Zuschauerwünsche berücksichtigen
die öffentlich-rechtlichen Rundfunk- und Fernsehanstalten
Sie sind an einen Programmauftrag gebunden.
Umstrittene Sendungen werden aus dem Programm genommen.
etw. (A) aus dem Programm nehmen (a, o, i), vom Programm ab/setzen
eine Sendung auf einen späteren Termin verlegen
der direktstrahlende Satellit
das hochauflösende Fernsehen

+++ p. 230 (image et son), p. **84** (marketing et publicité)

L'image n'est pas nette. Elle est déformée.
Essaye-donc de mieux régler l'image!
Mettez la télé(vision) un peu moins fort, un peu plus fort!
L'ordinateur pertube la réception. Il faut le faire antiparasiter.
L'émission de variétés passe sur la deuxième chaîne.
On capte cette chaîne sur le canal 10.
Cette émission a eu du succès auprès des téléspectateurs.
Pour les informations, nous allons mettre la première chaîne.
Nous passons l'antenne à Hambourg.
L'émission était retransmise en direct de Munich.
La télévision a diffusé un enregistrement du Festival.
L'événement a été retransmis par satellite.
Les chaînes privées luttent pour accroître leur taux d'audience.
On n'obtient pas de taux d'audience élevé avec des émissions d'un certain niveau.
adapter le programme aux goûts de la majorité du public
Chaque chaîne cherche à fidéliser les téléspecteurs.
tenir compte des vœux des (télé)spectateurs
les établissements de radio- et télédiffusion de droit public
Ils ont un cahier des charges à respecter.
Les émissions controversées sont retirées du programme.
retirer qch. du programme
reporter une émission à une date ultérieure
le satellite de diffusion directe
la télévision haute définition

Das Verlagswesen

das Verlagswesen	(l'industrie de) l'édition
etw. (A) veröffentlichen	publier qch.
der Veröffentlichung (en)	la publication
etw. (A) verlegen, etw. (A) heraus/geben (a, e, i)	éditer qch.
der Verleger (-), der Herausgeber (-)	l'éditeur
der Verlag (e)	la maison d'édition
*heraus/kommen (a, o)	sortir
*erscheinen (ie, ie)	paraître
das Buch (¨er)	le livre
der Band (¨e)	le volume, le tome
der Einband (¨e)	la reliure
etw. (A) ein/binden (a, u)	relier qch.
die Ausgabe (n)	l'édition
die Taschenbuchausgabe (n)	l'édition de poche
die Gesamtausgabe (n)	l'édition complète
die Auflage (n)	le tirage
die Neuauflage (n)	la réédition
etw. (A) drucken	imprimer qch.
der Druck (e)	l'impression
der (Buch)drucker (-)	l'imprimeur
die Druckerei (en)	l'imprimerie [atelier]
der Schriftsetzer (-)	le typographe

Sein neuer Roman *erscheint (ie, ie) erst im September.
Heinrich Bölls sämtliche Werke sind neu aufgelegt worden.
zweite, verbesserte Auflage
ein in Leinen eingebundener Band
ein Buch antiquarisch (in einem Antiquariat) kaufen
Das Buch ist in Taschenbuch-Ausgabe herausgekommen.
in einer Auflage von 10 000 (zehntausend) Exemplaren *erscheinen
etw. (A) in Druck geben (a, e, i), im Druck *sein
Nachdruck verboten.
Buch und Presse unterliegen (a, e) keiner Zensur (D).
ein handliches Format

+++ p. **258** (la littérature)

L'édition

die Druckvorlage (n)	l'épreuve
der Fotosatz, der Lichtsatz	la photocomposition
der Offsetdruck	l'impression offset
die (Offset)druckmaschine (n)	l'imprimante (offset)
der Druckfehler (-)	la coquille
fehlerhaft	truffé de fautes
die Buchdruckerkunst	l'imprimerie [art d'imprimer]
die Bibliothek (en), die Bücherei (en)	la bibliothèque
die Buchhandlung (en)	la librairie
das Antiquariat (e)	la librairie d'occasion
der Antiquar (e)	le bouquiniste, l'antiquaire
antiquarisch	d'occasion
vergriffen	épuisé
die Zensur	la censure
etw. (A) zensieren	censurer qch.
die Selbstzensur	l'autocensure
jm. etw. (A) erlauben	autoriser qn. à faire qch.
die Erlaubnis (se)	l'autorisation
jm. etw. (A) verbieten (o, o)	interdire qch. à qn.
das Verbot (e)	l'interdiction
jm. etw. (A) widmen	dédicacer qch. à qn.
die Widmung (en)	la décicace

Son dernier (nouveau) roman ne paraîtra qu'en septembre.
Les œuvres complètes de Heinrich Böll ont été rééditées.
deuxième édition, revue et corrigée
un volume relié toile
acheter un livre d'occasion (chez un bouquiniste)
Le livre est paru en édition de poche.
paraître avec un tirage de 10 000 exemplaires
donner qch. à imprimer, être sous presse
Reproduction interdite.
Le livre et la presse ne sont soumis à aucune censure.
un format pratique (maniable)

10. Die Gedankenwelt

Der Geist

der Geist	l'esprit
geistig	spirituel, intellectuel
das Bewußtsein	la conscience [intellectuelle]
(un)bewußt	(in)conscient, (in)consciemment
das Unterbewußtsein	le subconscient
sich (D) etw. (G) bewußt *sein	être conscient de qch.
sich (D) etw. (G) bewußt *werden	prendre conscience de qch.
der Gedanke (n, n)	la pensée, l'idée
der Gedankengang [sg.]	le raisonnement, l'enchaînement des idées
denken (dachte, gedacht)	penser
an jn. denken (a, a)	penser à qn.
über etw. (A) nach/denken (a, a)	réfléchir à qch.
der Denker (-)	le penseur
das Denkvermögen	la capacité de réflexion
die Idee (n)	l'idée
ideenreich	plein d'idées, imaginatif
der Einfall (¨e)	l'idée [subite]
einfallsreich	imaginatif, inventif
jm. *ein/fallen (ie, a, ä)	venir à l'idée de qn.
jm. *entfallen (ie, a, ä)	sortir de l'esprit de qn. [oublier]
intelligent	intelligent
die Intelligenz, die Klugheit	l'intelligence
klug, gescheit	intelligent, avisé, instruit
schlau	malin, astucieux, rusé
die Schlauheit	la ruse, la subtilité
gebildet	lettré, cultivé
gelehrt	érudit, savant
der Gelehrte [part. subst.]	l'érudit
weise	sage

10. La pensée

L'esprit

der Weise [adj. subst.]	le sage
die Weisheit	la sagesse
dumm	bête, sot
die Dummheit (en)	la bêtise, la sottise
der Dummkopf (¨e)	l'imbécile
aufgeschlossen	ouvert [d'esprit]
die Aufgeschlossenheit	l'ouverture d'esprit
die Überlegung (en)	la réflexion
sich (D) etw. (A) überlegen	réfléchir à qch.
(un)überlegt	(ir)réfléchi
(un)vernünftig	(dé)raisonnable
die Vernunft	la raison
die Unvernunft	la déraison
das Gewissen	la conscience [morale]
gewissenhaft	consciencieux
der Verstand	l'entendement, la raison
der gesunde Menschenverstand	le bon sens
etw. (A) verstehen (a, a)	comprendre qch.
verständlich, begreiflich	compréhensible
unverständlich, unbegreiflich	incompréhensible
das Verständnis	la compréhension
etw. (A) mißverstehen (a, a)	mal comprendre, se méprendre sur qch.
das Mißverständnis (se)	le malentendu, la méprise
verständnisvoll	compréhensif, indulgent
verständnislos	incompréhensif
etw. (A) begreifen (begriff, begriffen)	saisir, comprendre, concevoir qch.
etw. (A) fassen	saisir, comprendre qch.
unfaßbar	inimaginable [incompréhensible]
unglaublich	incroyable

Er ist für sein Alter geistig noch rege.
Es ist mir gar nicht zu Bewußtsein gekommen (bewußt geworden).
Ich habe mir gedacht, wir könnten...
Das bringt mich auf einen Gedanken.
Mir *fällt gerade ein, daß du noch etwas erledigen wolltest.
O, das wäre mir beinahe entfallen!
Was *fällt Ihnen bloß ein?
Mir *fällt sein Name nicht mehr ein. Sein Name ist mir entfallen.
Zu diesem Thema *fällt mir nichts ein.
Das hättest du dir vorher überlegen sollen!
Überleg dir die Sache noch einmal!
Er hat es sich (D) anders überlegt.
nach reiflicher Überlegung
Wir haben überlegt, wie das Problem zu lösen wäre.
jn. zur Vernunft bringen (a, a)
Wann wird er endlich zur Vernunft *kommen?
Das *geht über den Verstand (das Fassungsvermögen) hinaus.
Ich kann es kaum fassen! Das ist nicht zu fassen!
Als er die Nachricht erfuhr, verlor er die Fassung.
Nur nicht aus der Fassung *kommen! Nur keine Panik!
ein reines Gewissen haben, ein gutes, schlechtes Gewissen haben
gesunden Menschenverstand beweisen (ie, ie)
Er ist schwer von Begriff.
Wie soll ich das verstehen! Wie ist das zu verstehen?
Das versteht sich von selbst.
jm. Verständnis entgegen/bringen (a, a)
Ich habe über deinen Vorschlag nachgedacht.

Il a encore l'esprit vif pour son âge.
Je n'en ai pas du tout pris conscience.
Je me suis dit, j'ai pensé que nous pourrions...
Cela me donne une idée.
Je viens de penser que tu avais encore quelque chose à régler.
Oh, j'ai failli oublier!
Mais dites donc, qu'est-ce qui vous prend?
Je n'arrive plus à retrouver son nom. J'ai oublié son nom.
Ce sujet ne m'inspire pas.
Tu aurais dû y penser (réfléchir) avant!
Réfléchis-y encore une fois!
Il a changé d'avis.
après mûre réflexion
Nous avons réfléchi à la façon de résoudre ce problème.
ramener qn. à la raison
Quand va-t-il enfin devenir raisonnable?
Cela dépasse l'entendement.
J'ai peine à y croire. C'est inouï.
En apprenant la nouvelle, il perdit contenance (il perdit son calme).
Ne nous énervons pas! Pas de panique!
avoir la conscience tranquille, avoir bonne, mauvaise conscience
faire preuve de bon sens
Il a l'esprit obtus, il ne comprend pas vite.
Comment dois-je l'entendre?
Cela va de soi.
faire preuve de compréhension envers qn.
J'ai réfléchi à ta proposition.

Wahrheit und Unwahrheit

etw. (A) wissen (wußte, gewußt)	savoir qch.
das Wissen	le savoir
das Unwissen	l'ignorance [manque de connaissances]
wissenswert	qui mérite d'être su, connu
über etw. (A) Bescheid wissen	être au courant de qch.
etw. (A) kennen (kannte, gekannt)	connaître qch.
die Kenntnis (se)	la connaissance
etw. (A) erfahren (u, a, ä)	apprendre (une nouvelle), faire l'expérience de qch.
die Erfahrung (en)	l'expérience [vécue, instructive]
Erfahrungen aus/tauschen	échanger des expériences
(un)erfahren	(in)expérimenté
etw. (A) erleben	vivre qch. [assister à un événement]
das Erlebnis (se)	l'événement [vécu, marquant]
die Tatsache (n)	le fait
tatsächlich	réellement, effectivement, de fait
wirklich	vraiment, véritablement
die Wirklichkeit	la réalité
wahr ($\neq$ unwahr)	vrai
die Wahrheit (en)	la vérité
die Unwahrheit (en)	la contre-vérité
richtig	exact, vrai
unrichtig, falsch	inexact, faux
recht haben	avoir raison
unrecht haben	avoir tort
lügen (o, o)	mentir
jn. belügen, jn. an/lügen (o, o)	mentir à qn.
die Lüge (n)	le mensonge

von etw. Kenntnis erhalten (ie, a, ä)
etw. (A) zur Kenntnis nehmen (a, o, i)
jn. über etw. (A) in Unkenntnis (in Unwissenheit) lassen (ie, a, ä)
jm. wichtige Informationen vor/enthalten (ie, a, ä)
Wenn er es nur gewußt hätte! Hätte er es nur gewußt!
Stimmt es, daß...? - Nicht, daß ich wüßte!
Nein, das stimmt nicht. Es scheint zu stimmen.
soviel ich weiß
jm. über etw. (A) Bescheid sagen, geben (a, e, i)

Le vrai et le faux

sich (A) irren	se tromper, faire erreur
der Irrtum ("er)	l'erreur
einen Irrtum begehen (i, a)	commettre une erreur
jn. täuschen	induire qn. en erreur, abuser qn.
die Täuschung (en)	l'illusion - la tromperie
sich (D) etw. (A) ein/bilden	s'imaginer qch. [à tort]
die Einbildungskraft, die Phantasie	l'imagination (créatrice)
phantasievoll	imaginatif
sich (D) etw. (A) vor/stellen	s'imaginer, se représenter qch.
die Illusion (en)	l'illusion
sich (D) etw. (A) aus/denken (a, a)	concocter qch., s'imaginer qch.
etw. (A) glauben	croire qch.
an etw. (A) glauben	croire à (en) qch.
der Glaube (des Glaubens)	la croyance, la foi
der Unglaube	l'incrédulité, l'incroyance
leichtgläubig	crédule
die Leichtgläubigkeit	la crédulité
jm. etw. (A) mit/teilen	avertir, informer qn. de qch.
die Mitteilung (en)	le message, l'information
etw. (A) bekannt/geben (a, e, i)	rendre public, annoncer qch.
jm. etw. (A) offenbaren, eröffnen	révéler qch. à qn.
die Offenbarung (en)	la révélation
jm. etw. (A) verraten (ie, a, ä)	trahir, révéler qch. à qn.
jm. etw. (A) verheimlichen	cacher qch. à qn., garder qch. secret
das Geheimnis (se)	le secret
heimlich	secrètement, en cachette
(jm) etw. (A) verschweigen (ie, ie)	taire qch. (à qn.)
geheimnisvoll	mystérieux

être mis au courant de qch.
prendre connaissance de qch.
maintenir qn. dans l'ignorance de qch.
dissimuler, cacher des informations importantes à qn.
Si seulement il avait su cela!
Est-il vrai que...? - Pas que je sache!
Non, c'est faux. Cela semble vrai.
autant que je sache
mettre qn. au courant de qch., informer qn. de qch.

jn. auf dem laufenden halten (ie, a, ä), auf dem laufenden *sein
Er kennt das Leben. Es ist ein erfahrener Mensch.
etw. (A) am eigenen Leibe erfahren (u, a, ä)
Wir haben das Unglück durchs Fernsehen erfahren.
Das weiß ich aus eigener Erfahrung.
Sie hat ihm die Wahrheit ins Gesicht gesagt.
die Wahrheit heraus/finden (a, u)
Das entspricht nicht der Wahrheit, den Tatsachen.
Er lügt wie gedruckt.
Sie hat sich (A) in ihm gründlich (gewaltig) geirrt.
Es hat sich als ein Irrtum, ein Mißverständnis herausgestellt (erwiesen).
Er hat seinen Irrtum schließlich doch eingesehen.
Er bildet sich ein, krank zu sein. (der eingebildete Kranke)
So hatte ich mir Deutschland nicht vorgestellt.
Das entspricht (a, o, i) nicht meinen Vorstellungen (Erwartungen) [pl.].
Stellt euch vor, wir würden im Lotto gewinnen!
sich (D!) Illusionen machen, sich (A!) Illusionen hin/geben (a, e, i)
jm. die Illusionen rauben
Das glaube ich dir nicht. Ich glaube es ihm nicht.
Teilt uns (D) bitte eure neue Anschrift mit.
ein Geheimnis hüten, bewahren

+++ chap. 6 (les relations humaines)

tenir qn. au courant, être au courant
Il connaît la vie. C'est un homme d'expérience.
faire soi-même l'expérience de qch., apprendre qch. à ses propres dépens
Nous avons appris ce drame par la télévision.
Je le sais par expérience.
Elle lui a dit la vérité en face.
découvrir la vérité
Cela n'est pas conforme (ne correspond pas) à la vérité, aux faits.
Il ment comme il respire.
Elle s'est lourdement trompée à son sujet.
Cela s'est révélé être une erreur, un malentendu.
Il a fini par reconnaître son erreur.
Il s'imagine qu'il est malade. (le malade imaginaire)
Ce n'est pas ainsi que je m'étais imaginé l'Allemagne.
Cela ne correspond pas à mon attente.
Imaginez que nous gagnions au loto!
se faire des illusions, se bercer d'illusions
enlever les illusions à qn.
Je ne te crois pas. Je ne le crois pas.
Faites-nous connaître votre nouvelle adresse!
garder un secret

(Un)gewißheiten

das Gedächtnis	la mémoire
die Erinnerung (en)	le souvenir
sich (A) an etw. (A) erinnern	se souvenir de qch.
jn. an etw. (A) erinnern	rappeler qch. à qn.
etw. (A) vergessen (a, e, i)	oublier qch.
die Gewißheit	la certitude
die Ungewißheit	l'incertitude
sicher, gewiß	sûr, certain
unsicher, ungewiß	incertain
sich (D) etw. (G) sicher *sein	être sûr, certain de qch.
die Sicherheit [sg.]	la certitude - la sécurité
an etw. (D) zweifeln	douter de qch.
etw. (A) bezweifeln, etw. (A) an/zweifeln	mettre qch. chose en doute
der Zweifel (-)	le doute
zweifellos, zweifelsohne	sans aucun doute
zweifelhaft	douteux
skeptisch	sceptique
die Skepsis	le scepticisme, le doute
der Beweis (e)	la preuve
einen Beweis (für etw.) liefern	fournir une preuve (de qch.)

etw. (A) im Gedächtnis behalten (ie, a, ä)
Das Erlebnis ist mir im Gedächtnis haften geblieben.
Kannst du dich noch an den Jungen erinnern? - Ich denke oft an ihn.
Erinnere mich bitte daran, daß ich noch tanken muß!
Das erinnert mich an meine Kindheit.
ein vergeßlicher Mensch
ein unvergeßliches Erlebnis
Er weiß es mit Sicherheit.
Darüber herrscht Gewißheit, daran besteht kein Zweifel.
Daß er die Wahrheit sagt, steht außer Zweifel.
Es steht fest, daß... Fest steht, daß...
Eins (eines) steht fest.
Es hat sich (A) herausgestellt (erwiesen), daß...
Es hat sich (A) als ein Mißverständnis erwiesen (herausgestellt).
Es liegt auf der Hand, daß... Es ist offensichtlich, daß...
Er will offenbar nichts davon wissen.

(In)certitudes

etw. (A) bew<u>ei</u>sen (ie, ie)	prouver, démontrer qch.
die Bew<u>ei</u>sführung (en)	la démonstration
etw. (A) n<u>a</u>ch/weisen (ie, ie)	apporter la preuve de qch.
sich (A) als etw. (N) erw<u>ei</u>sen (ie, ie), sich (A) als etw. (N) her<u>au</u>s/stellen	s'avérer, se révéler être...
etw. (A) <u>a</u>hnen	pressentir qch., se douter de qch.
die (V<u>o</u>r)<u>a</u>hnung (en)	le pressentiment, l'intuition
etw. (A) verm<u>u</u>ten	supposer qch.
etw. (A) <u>a</u>n/nehmen (a, o, i)	supposer - admettre - accepter qch.
die Verm<u>u</u>tung (en), die <u>A</u>nnahme (n)	la supposition
Verm<u>u</u>tungen <u>a</u>n/stellen	se livrer à des suppositions
verm<u>u</u>tlich	probablement
sch<u>ei</u>nen (ie, ie)	sembler, paraître
sch<u>ei</u>nbar	en apparence
<u>a</u>nscheinend	apparemment
wahrsch<u>ei</u>nlich	probablement
die Wahrsch<u>ei</u>nlichkeit	la probabilité
<u>ei</u>ndeutig	évident, clair, net
<u>o</u>ffensichtlich	évident, de toute évidence
<u>o</u>ffenbar [adv.]	manifestement, apparemment
zw<u>ei</u>deutig	ambigu, équivoque

garder qch. en mémoire
Cet événement est resté gravé dans ma mémoire.
Te souviens-tu encore de ce garçon ? - Je pense souvent à lui.
Rappelle-moi que je dois encore prendre de l'essence !
Cela me rappelle mon enfance.
un homme (individu) distrait
un événement (une chose) inoubliable
Il le sait avec certitude.
Cela est certain, il n'y a aucun doute là-dessus.
Cela ne fait aucun doute qu'il dit la vérité.
C'est un fait que..., il est certain que...
Une chose est certaine.
Il s'est avéré que...
Cela s'est avéré être un malentendu.
Il est évident que...
Manifestement, il n'en veut rien savoir.

Er hat mir einen Beweis seines Vertrauens gegeben.
Er hat in dieser Angelegenheit große Sachkenntnis bewiesen.
In diesem Nahrungsmittel sind Pestizide nachgewiesen worden.
Er hat nachweislich gelogen.
den Nachweis für etw. erbringen (a, a)
Es wurde der Nachweis (Beweis) erbracht, daß er schuld war.
Mangels (G) genauer Informationen kann man nur vermuten, was geschehen ist.
Wir vermuten (wir nehmen an), daß er einverstanden ist.
Angenommen, er *kommt nicht, was wird dann?
Ich hatte schon geahnt, daß er uns (D) Schwierigkeiten machen würde.
Weiß er darüber schon Bescheid?
Nein, er hat noch keine Ahnung davon. Er ahnt noch nichts.
Der Schein [sg.] trügt (o, o).
Allem Anschein nach ist er glücklich.
aller Wahrscheinlichkeit nach
Er hat sich (A) anscheinend verspätet.
Er war nur scheinbar über den Besuch erfreut.
Der Film soll gut sein.
Morgen dürfte schönes Wetter werden.
Es könnte sein, daß er krank ist.
Das mag wohl sein.

Il m'a donné une preuve de sa confiance.
Dans cette affaire, il a fait preuve d'une grande compétence.
On a décelé la présence de pesticides dans ce produit (alimentaire).
Il est prouvé qu'il a menti.
apporter (faire) la preuve de qch.
La preuve de sa culpabilité a été apportée.
Faute (par manque de) d'informations exactes,
   on ne peut que supposer ce qui s'est passé.
Nous supposons qu'il est d'accord.
À supposer qu'il ne vienne pas, qu'allons-nous faire ?
Je me doutais bien qu'il nous ferait des difficultés.
Est-il déjà au courant (de la chose) ?
Non, il n'en sait encore rien. Il ne se doute encore de rien.
Les apparences sont trompeuses.
Tout porte à croire qu'il est heureux.
selon toute vraisemblance
Apparemment, il est en retard.
Il ne se réjouissait qu'en apparence de cette visite.
On dit que c'est un bon film. Il paraît que c'est un bon film.
Demain, il devrait faire beau.
Il se pourrait qu'il soit malade.
Cela est bien possible.

Die Meinung

die Meinung (en), die Ansicht (en)	l'opinion, l'avis
die Auffassung (en)	la conception, l'opinion
etw. (A) meinen	penser qch., être d'avis
sich (A) (zu etw.) äußern	donner son avis (sur qch.)
die Äußerung (en)	le propos, les dires, la remarque
der Standpunkt (e)	le point de vue
etw. (A) vertreten (a, e, i)	soutenir [un point de vue]
zu etw. Stellung beziehen (o, o), zu etw. Stellung nehmen (a, o, i)	prendre position sur qch.
die Stellungnahme (n)	la prise de position
die Gesinnung (en)	la manière de penser (les convictions)
etw. (A) beurteilen	juger qch.
über etw. (A) urteilen	porter un jugement sur qch.
das Urteil (e)	le jugement
ein Urteil fällen [v. faible]	porter un jugement, prononcer un verdict
das Vorurteil (e)	le préjugé
das Werturteil (e)	le jugement de valeur
die vorgefaßte Meinung	l'opinion préconçue
die Voreingenommenheit	le parti pris, l'idée préconçue

Was meinst du dazu? Was ist deine Meinung?
Was meinst du damit?
Was verstehst du darunter?
Was soll man davon halten? Was hältst du davon?
Wie stehst du zu dieser Frage?
Ich bin der Meinung (der Ansicht, der Auffassung), daß...
meiner Meinung nach, meiner Ansicht nach, meines Erachtens
sich (A) seine eigene Meinung bilden
seine Meinung äußern
Wie soll ich das auf/fassen? - Das hast du falsch aufgefaßt.
auf seiner Meinung (D) beharren, bestehen (a, a)
an seiner Meinung (D) fest/halten (ie, a, ä)
Mir gegenüber hat er geäußert, daß er dem Projekt zu/stimmen wolle.
Du hast dich zu diesem Vorschlag noch nicht geäußert.
Er hat sich (A) zu diesem Thema nicht äußern wollen.
Er vertritt (a, e, i) folgenden Standpunkt, folgende Auffassung : ...
Er wollte von seinem Standpunkt nicht *ab/kommen.
Er war von seiner Meinung nicht abzubringen.

L'opinion

die Unvoreingenommenheit	l'impartialité, l'absence de préjugés
(jm. gegenüber) voreingenommen sein	avoir des préjugés (à l'égard de qn.)
sich (A) aus/drücken	s'exprimer
der Ausdruck ("e)	l'expression
etw. (A) zum Ausdruck bringen (a, a)	exprimer, formuler qch.
wichtig	important
unwichtig	sans importance, futile
die Wichtigkeit	l'importance
der Wert (e)	la valeur, l'importance
auf etw. (A) Wert legen, etw. (D) Wert bei/messen (a, e, i)	attacher de l'importance à qch.
die Bedeutung	la signification, l'importance
bedeuten	signifier
bedeutend	significatif, important
unbedeutend	négligeable, insignifiant
der Sinn	le sens, la signification
sinnvoll	qui a un sens, sensé [choses]
sinnlos, unsinnig	insensé, stupide, absurde
der Unsinn	le non-sens, l'absurdité
starrköpfig, stur	têtu, entêté

Qu'en penses-tu? Quel est ton avis?
Que veux-tu dire par là?
Qu'entends-tu par là?
Que doit-on en penser? Qu'en penses-tu?
Quel est ta position à ce sujet?
Je suis d'avis que...
à mon avis
se forger sa propre opinion
manifester, exprimer son opinion
Comment dois-je l'entendre? - Tu as compris de travers.
n'en pas démordre, camper sur ses positions
rester sur son opinion
À moi, il a déclaré qu'il voulait donner son accord à ce projet.
Tu n'as pas encore donné ton avis sur cette proposition.
Il n'a pas voulu se prononcer à ce sujet.
Il défend le point de vue suivant : ...
Il n'a pas voulu revenir sur sa position.
Il ne fut pas possible de le faire changer d'avis.

eine eindeutige Stellungnahme zu einem Problem ab/geben (a, e, i)
Kennst du seine politische Gesinnung [sg.]?
Ich weiß nicht, wie er politisch gesinnt ist.
Wie urteilen Sie darüber?
Das ist schwer zu beurteilen.
Mein Urteil steht fest, es ist unerschütterlich.
Können Sie Ihre Ansicht begründen?
Ich für mein(en) Teil...
Was mich betrifft (a, o, i), was mich *an/geht...
Das *geht mich nichts an.
Das ist mir gleichgültig, egal.
Er hat sein Erstaunen zum Ausdruck gebracht.
Ich weiß nicht, wie ich mich ausdrücken soll.
Wenn ich mich so ausdrücken darf.
Was soll das bedeuten?
Er legt Wert auf Pünktlichkeit.
Das ist ein völlig unbedeutender Gesichtspunkt.
Dem Vorfall messe ich keinerlei Bedeutung bei.
Das ist nicht von Bedeutung.
Was er sagt, hat doch keinen Sinn. - Es ist der reinste Unsinn.
im wahrsten Sinne des Wortes
im weitesten Sinne des Wortes
Ist es sinnvoll, sich (D) darüber den Kopf zu zerbrechen (a, o, i)?

+++ p. **258** (la littérature)

prendre clairement position sur un problème
Connais-tu ses convictions politiques?
Je ne sais pas quelles sont ses opinions politiques.
Quel jugement portez-vous là-dessus?
Il est difficile de se prononcer (d'en juger).
Mon opinion est faite, elle est inébranlable.
Pouvez-vous justifier votre point de vue?
Quant à moi,... Pour ma part,...
En ce qui me concerne,...
Cela ne me regarde (concerne) pas.
Cela m'est indifférent, égal.
Il a exprimé son étonnement.
Je ne sais pas comment dire.
Si je puis m'exprimer ainsi.
Qu'est-ce que cela signifie?
Il attache de l'importance à la ponctualité.
C'est un aspect absolument négligeable.
Je n'attache aucune importance à cet incident.
C'est sans importance.
Ce qu'il dit n'a aucun sens. - Il dit n'importe quoi.
dans le vrai sens du terme
dans le sens le plus large du terme
Est-ce raisonnable de se casser la tête pour cela?

Die Diskussion

die Diskussion (en)	la discussion
über etw. (A) diskutieren	discuter de qch.
die Debatte (n), das Streitgespräch (e)	le débat (contradictoire)
(über) etw. (A) debattieren	débattre (de) qch.
die Auseinandersetzung (en)	la discussion, le démêlé
sich (A) mit jm. auseinander/setzen	s'expliquer, discuter avec qn.
der Widersacher (-)	le contradicteur, l'adversaire [débat]
sich (A) (mit jm.) streiten (i, i)	se disputer, se quereller avec qn.
der Streit (Streitigkeiten)	la dispute, le différend, la querelle
etw. (A) bestreiten (i, i)	contester, nier qch.
umstritten	controversé
streitsüchtig	querelleur, hargneux
etw. (A) kritisieren	critiquer qch.
die Kritik (en)	la critique
an etw. (D) Kritik üben	critiquer qn.
kritisch	critique
die Meinungsverschiedenheit (en)	la divergence (d'opinion)
argumentieren	argumenter
das Argument (e)	l'argument
die Argumentation (en)	l'argumentation
etw. (A) behaupten	affirmer, prétendre qch.
die Behauptung (en)	l'affirmation, l'assertion
jn. etw. (A) fragen	poser une question à qn., demander qch. à qn.
die Frage (n)	la question
jn. bitten (a, e), etwas zu tun	demander à qn., prier qn. de faire qch.
die Bitte (n)	la demande, la prière
(jm.) antworten, daß...	répondre à qn. que...
die Antwort (en)	la réponse
eine Frage (A) beantworten, auf eine Frage (A) antworten	répondre à une question
etw. (A) erklären, etw. (A) dar/legen	expliquer, exposer qch.
die Erklärung (en), die Darlegung (en)	l'explication
etw. (A) begründen	justifier, motiver qch.
die Begründung (en)	la justification
der Grund ("e)	la raison, le motif

La discussion

sich (A) rechtfertigen	se justifier
die Rechtfertigung (en)	la justification
etw. (A) aus/führen	développer [une idée], expliquer qch.
die Ausführungen [pl.]	le développement, les explications
jn. unterbrechen (a, o, i)	interrompre qn.
die Unterbrechung (en)	l'interruption
jm. ins Wort *fallen (ie, a, ä)	couper la parole à qn.
etw. (A) erwidern, etw. (A) entgegnen	répliquer qch., répondre qch.
jm. widersprechen (a, o, i)	contredire qn.
der Widerspruch ("e)	la contradiction
widersprüchlich	contradictoire
sich (A) jm. widersetzen	s'opposer à qn.
etw. (A) widerlegen	réfuter qch.
etw. (A) gegen etw. ein/wenden (a, a)	objecter qch. à qch.
der Einwand ("e)	l'objection
sich (A) auf etw. (A) berufen (ie, u)	se référer, faire référence à qch.
etw. (A) fest/stellen	constater qch.
die Feststellung (en)	la constatation
etw. (A) hinzu/fügen, hinzu/setzen	ajouter qch.
etw. (A) klar/stellen	clarifier, éclaircir qch.
die Klarstellung (en)	la mise au point, l'éclaircissement
etw. (A) betonen	insister, mettre l'accent sur qch.
etw. (A) hervor/heben (o, o),	mettre qch. en évidence,
etw. (A) heraus/stellen	faire ressortir qch.
etw. (A) unterstreichen (i, i)	souligner qch.
auf etw. (A) hin/weisen (ie, ie)	attirer l'attention sur qch.
der Hinweis (e)	l'indication
etw. (A) berücksichtigen	tenir compte de qch.
die Berücksichtigung (en)	la prise en considération, l'égard
etw. (A) (be)merken	remarquer, constater qch.
die Bemerkung (en)	la remarque, l'observation
eine Bemerkung machen	faire une réflexion, une remarque
etw. (A) erwähnen	mentionner qch.
auf etw. (A) an/spielen	faire allusion à qch.
die Anspielung (en)	l'allusion
sich (A) verständlich machen	se faire comprendre
etw. (A) wiederholen	répéter, réitérer qch.

sich (A) an einer Diskussion beteiligen
sich (A) in eine Diskussion ein/schalten
etw. (A) zur Diskussion stellen
Das steht (a, a) nicht zur Diskussion, auf der Tagesordnung.
sich (A) auf eine Diskussion (A) ein/lassen (ie, a, ä),
   sich (A) in eine Diskussion (A) verwickeln lassen (ie, a, ä)
ein Streitgespräch führen
mit jm. in Streit geraten (ie, a, ä)
Darüber kann man (läßt sich) streiten.
sich (A) zu Wort melden, um das (ums) Wort bitten (a, e)
nicht zu Wort *kommen (a, o)
das Wort ergreifen (ergriff, ergriffen)
eine Frage auf/werfen (a, o, i)
ein Argument vor/bringen (brachte ... vor, vorgebracht), an/führen
stichhaltige Gründe ins Feld führen
Aus welchem Grund? - Weshalb? Warum?
Aus diesem Grund. - Deshalb. Darum.
Das ist kein Grund zum Zanken.
Mein Urteil beruht [stützt sich (A)] auf Tatsachen.
Sein Verhalten steht im Widerspruch zu seinen Prinzipien.
Darauf möchte ich nicht näher *eingehen (i, a).
einem das Wort im Munde um/drehen (verdrehen)
Haben Sie etwas gegen diesen Beschluß einzuwenden?
offen gesagt, ehrlich gesagt
nebenbei bemerkt
unter Berücksichtigung der öffentlichen Meinung
kein Blatt vor den Mund nehmen (a, o, i)
Er hat ihm unmißverständlich die Meinung gesagt.

+++ p. **258** (la littérature)

participer à une discussion
intervenir dans une discussion
soumettre qch. à la discussion
Ce n'est pas la question (le sujet), cela n'est pas à l'ordre du jour.

se laisser entraîner dans une discussion
mener un débat contradictoire
polémiquer avec qn., se disputer avec qn.
Cela est discutable.
demander la parole
ne pas avoir droit à la parole - ne pas pouvoir placer un seul mot
prendre la parole
soulever un problème
avancer un argument
avancer de solides arguments
Pour quelle raison? - Pourquoi?
Pour cette raison. - Pour cela.
Ce n'est pas une raison pour se quereller.
Mon jugement repose (s'appuie) sur des faits.
Son comportement est en contradiction avec ses principes.
Je ne voudrais pas entrer dans les détails.
faire dire à qn. le contraire de ce qu'il dit
Avez-vous quelque chose à objecter à cette décision?
pour parler franc
soit dit en passant
compte tenu de l'opinion publique
ne pas mâcher ses mots
Il lui a dit clairement sa façon de penser.

Zustimmung und Ablehnung

mit jm. einverstanden *sein	être d'accord avec qn.
das Einverständnis	l'accord, le consentement
sich (A) über etw. (A) einigen	se mettre d'accord sur qch.
die Einigung (en)	l'accord, le compromis
jm. zu/stimmen	approuver qn., être d'accord avec qn.
die Zustimmung (en)	l'approbation, l'accord
in etw. (A) ein/willigen	consentir, donner son accord à qch.
die Einwilligung (en)	le consentement, l'agrément
jm. bei/pflichten	se ranger à l'avis de qn.
etw. (A) leugnen	nier, contester qch.
etw. (A) bestätigen	confirmer qch.
die Bestätigung (en)	la confirmation
etw. (A) unterstützen	soutenir qch., apporter son soutien à qch.
die Unterstützung (en)	le soutien, l'appui
sich (A) zu etw. bekennen (a, a)	assumer une opinion, professer qch.
Farbe bekennen (a, a)	annoncer la couleur, lever le masque
jn. verteidigen	défendre qn.
die Verteidigung	la défense
für etw. (A) *ein/treten (a, e, i)	s'engager, prendre fait et cause pour qch.
für jn. Partei ergreifen (i, i)	prendre parti pour qn.
sich (A) für jn. ein/setzen	apporter son soutien à qn., aider qn.
sich für etw. (A) aus/sprechen (a, o, i)	se prononcer en faveur de qch.
etw. (A) befürworten	se prononcer en faveur de qch.
die Befürwortung (en)	l'approbation
etw. (A) ab/lehnen	refuser qch.
die Ablehnung (en)	le refus, la désapprobation
etw. (A) bejahen	approuver qch., être pour qch.
eine Frage bejahen	répondre par l'affirmative

Ich halte das durchaus nicht für berechtigt.
Ich bin da anderer Ansicht als du.
Wir sind geteilter Meinung.
In diesem Punkt *gehen unsere Meinungen auseinander.
Unsere Auffassungen stimmen vollkommen überein.
im gegenseitigen Einverständnis
Wir haben dem Vorschlag unsere Zustimmung verweigert (versagt).

Accord et refus

etw. (A) verneinen	nier qch., être opposé à qch.
eine Frage verneinen	répondre par la négative
die Verneinung (en)	la négation
mit jm. überein/stimmen	partager l'opinion de qn.
die Übereinstimmung (en)	l'accord, la concordance de vues
das Gegenteil (e)	le contraire
gegenteilig	contraire, opposé
der Gegensatz ("e)	l'opposition, le contraste
gegensätzlich	opposé
das Eingeständnis (se)	l'aveu
etw. (A) ein/gestehen (a, a), etw. (A) zu/geben (a, e, i)	avouer, reconnaître qch.
etw. (A) zu/gestehen (a, a)	concéder qch., reconnaître qch.
das Zugeständnis (se)	la concession
etw. (A) ein/sehen (a, e, ie)	admettre, reconnaître qch. [une erreur]
jn. von etw. überzeugen	convaincre qn. de qch.
die Überzeugung (en)	la conviction
etw. (A) beschließen (o, o)	décider qch., prendre la décision de...
der Beschluß ("sse)	la décision, la résolution
einen Beschluß fassen	prendre une décision, voter une résolution
sich (A) (zu etw.) entschließen (o, o)	se décider à, se résoudre à qch.
der Entschluß ("sse)	la décision [mûrement réfléchie)
sich (A) für etw. entscheiden (ie, ie)	se décider, opter pour qch.
die Entscheidung (en)	la décision
eine Entscheidung treffen (a, o, i)	prendre une décision
sich (A) mit jm. versöhnen, sich (A) mit jm. aus/söhnen	se réconcilier avec qn.
die Versöhnung, Aussöhnung (en)	la réconciliation
unversöhnlich	intransigeant, inconciliable

Je trouve cela parfaitement injustifié.
Là-dessus, je ne partage pas ton opinion.
Nos avis diffèrent.
Sur ce point, nos opinions divergent.
Nos avis concordent parfaitement.
d'un commun accord, par consentement mutuel
Nous avons refusé cette proposition.

allgemeine Zustimmung erhalten (ie, a, ä)
auf Ablehnung (A) *stoßen (ie, o, ö)
Sogar er bekennt sich (A) zu dieser Auffassung.
Er hat sich (A) zu seiner Schuld bekannt.
Zugeständnisse machen
Ich sehe ein (Ich bin zur Einsicht gekommen), daß ich unrecht hatte.
Zwischen beiden Parteien ist es zu keiner Einigung gekommen.
sich (A) auf einen Kompromiß einigen
Wir haben uns (A) über die Methode (A) geeinigt.
Wir sind von der Richtigkeit dieser Mitteilung nicht überzeugt.
im Gegensatz zu + D
Ganz im Gegenteil.
Er behauptet das Gegenteil.
Trotz (G) aller Bitten *blieb er unversöhnlich.
Ein unversöhnlicher Gegensatz trennt uns (A).
einen Fehler wiedergut/machen
Er hat beschlossen, Medizin zu studieren.
Er war fest entschlossen, nicht nachzugeben.
einen Entschluß fassen, bereuen
Er konnte sich (A) nur schwer entscheiden (ie, ie).
zum Schluß *gelangen, *kommen (a, o), daß...

faire l'unanimité, obtenir l'approbation générale
se heurter à un refus
Même lui défend ce point de vue.
Il a reconnu (avoué) sa faute.
faire des concessions
J'admets (Je reconnais) que j'ai eu tort.
Les deux parties ne sont pas parvenues à un accord.
en arriver à un compromis
Nous nous sommes mis d'accord sur la marche à suivre.
Nous ne sommes pas convaincus de l'exactitude de cette information.
contrairement à
Tout au contraire.
Il affirme (prétend) le contraire.
Malgré toutes nos (mes) supplications, il demeura inflexible.
Une opposition irréductible nous sépare.
réparer une erreur
Il a décidé de faire des études de médecine.
Il était fermement décidé à ne pas céder.
prendre, regretter une décision
Il a eu du mal à se décider.
en arriver à la conclusion que...

11. Kunst und Literatur

Die Künste

die Kunst ("e)	l'art
der Künstler (-)	l'artiste
künstlerisch	artistique
kunstvoll	artistique (présenté avec art)
das Werk (e)	l'œuvre
das Kunstwerk (e)	l'œuvre d'art
das Meisterwerk (e)	le chef-d'œuvre
der Meister (-)	le maître
meisterhaft	magistral
etw. (A) beherrschen	maîtriser qch.
der (Kunst)liebhaber (-)	l'amateur d'art
kunstverständig	qui s'y connaît en matière artistique
der Kenner (-)	le connaisseur
das Liebhaberstück (e)	la pièce de collection
der Kunstsammler (-)	le collectionneur (d'œuvres d'art)
die Kunstsammlung (en)	la collection (d'œuvres d'art)
das Museum (Museen)	le musée
die Ausstellung (en)	l'exposition
etw. (A) aus/stellen	exposer qch.
der Mäzen (e), der Gönner (-)	le mécène
das Mäzenatentum	le mécénat

das kulturelle Erbe wahren
die bildende, darstellende, angewandte Kunst
die schönen Künste
Kunstgeschichte, Musikwissenschaft studieren
ein künstlerisch wertvoller, wertloser Gegenstand
ein Meisterstück (Meisterwerk) vollbringen (vollbrachte, vollbracht)
ein namhafter freischaffender Künstler
das künstlerische Schaffen
Er ist künstlerisch (musisch) veranlagt, begabt.
Kunstverstand beweisen (ie, ie)
Er scheint etwas (nichts) von Kunst zu verstehen.
ein Museum, ein Schloß besichtigen
Die Ausstellung wurde gestern eröffnet.
Sie *läuft bis Ende dieses Monats.
eine vielversprechende Laufbahn beginnen (a, o)

11. Arts et lettres

Les arts

die Kunstkritik	la critique artistique
der Kunstkritiker (-)	le critique d'art
die Kunstgeschichte	l'histoire de l'art
kunstgeschichtlich, kunsthistorisch	d'histoire de l'art
die Epoche (n)	l'époque
der Stil (e)	le style
die Strömung (en)	le courant
die Gattung (en)	le genre
die Kunstrichtung (en)	la tendance artistique
*entstehen (entstand, entstanden)	naître [œuvre d'art]
etw. (A) schaffen (u, a)	créer qch.
etw. (A) vollenden	achever, terminer qch.
vollendet	achevé, terminé
unvollendet	inachevé
der (Kunst)geschmack	le goût (artistique)
geschmackvoll, stilvoll	de bon goût
geschmacklos	de mauvais goût
(un)ästhetisch	(in)esthétique
der Kitsch	le kitsch
kitschig	kitsch
entartet	dégénéré

sauvegarder le patrimoine culturel
l'art plastique, figuratif, appliqué
les beaux-arts
faire des études d'histoire de l'art, de musicologie
un objet ayant une valeur artistique, sans valeur artistique
réaliser un chef-d'œuvre
un artiste indépendant renommé
la création artistique
Il a des dons artistiques.
faire preuve de culture artistique
Il a l'air de s'y connaître (de n'y rien connaître) en art.
visiter un musée, un château
Le vernissage de l'exposition a eu lieu hier.
Elle se prolonge jusqu'à la fin du mois.
commencer une carrière prometteuse

Das Theater

das Theater	le théâtre
das Schauspielhaus (¨er), das Theater (-)	le théâtre [édifice]
die Bühne (n)	la scène
der Vorhang (¨e)	le rideau
die Kulisse (n)	la coulisse
der Zuschauerraum (¨e)	la salle
der Zuschauer (-)	le spectateur
das Publikum [sg.]	le public
das Theaterstück (e)	la pièce de théâtre
die Probe (n)	la répétition
proben	répéter
die Vorstellung (en)	la représentation
etw. (A) auf/führen	représenter qch. [donner un spectacle]
etw. (A) urauf/führen	donner la première d'un spectacle
die Aufführung (en)	la représentation, le spectacle
die Erstaufführung, Uraufführung	la première
der Akt (e), der Aufzug (¨e)	l'acte
die Szene (n), der Auftritt (e)	la scène
die Bearbeitung (en)	l'adaptation
etw. (A) bearbeiten	adapter qch.
etw. (A) inszenieren	mettre qch. en scène
die Inszenierung (en)	la mise en scène
der Dramaturg (en, en)	le dramaturge
das Bühnenbild [sg.]	les décors
der Bühnenbildner (-)	le décorateur
die Bühnenbeleuchtung [sg.]	l'éclairage, les éclairages
der Scheinwerfer (-)	le projecteur
das Schauspiel (e), das Drama (-men)	le drame, la pièce de théâtre
dramatisch	dramatique
das Lustspiel (e), die Komödie (n)	la comédie
lustig, komisch	drôle, comique
das Trauerspiel (e), die Tragödie (n)	la tragédie
tragisch	tragique

Le théâtre

theatralisch	théâtral
die Handlung (en)	l'intrigue, l'action
sich (A) steigern	s'intensifier
der Wendepunkt (e)	le tournant
der Höhepunkt (e)	le comble, le point culminant
die Rolle (n)	le rôle
die Hauptrolle (n)	le rôle principal
die Nebenrolle (n)	le second rôle
die (Rollen)besetzung	la distribution
eine Rolle besetzen	jouer (tenir) un rôle
der Schauspieler (-)	l'acteur
die Schauspielerin (nen)	l'actrice
das Kostüm (e)	le costume
kostümiert	costumé
die Schminke (n)	le maquillage
sich (A) schminken	se maquiller
der Souffleur (e), die Souffleuse (n)	le souffleur, la souffleuse
der Darsteller (-)	l'interprète
etw. (A) dar/stellen	interpréter qch.
die Darstellung (en)	l'interprétation
jn. verkörpern	incarner qn.
Lampenfieber haben	avoir le trac
*auf/treten (a, e, i)	entrer en scène
der Auftritt (e)	l'entrée en scène
die Pause (n)	l'entracte
*ab/gehen (i, a)	quitter la scène
der Abgang (¨e)	la sortie (de scène)
sich (A) verbeugen	faire une révérence
die Verbeugung (en)	la révérence
klatschen, applaudieren	applaudir
der Beifall [sg.], der Applaus [sg.]	les applaudissements
jn. begeistern	enthousiasmer qn.
begeistert	enthousiaste, enthousiasmé
die Begeisterung	l'enthousiame

etw. (A) auf den Spielplan setzen, in den Spielplan auf/nehmen (a, o, i)
etw. (A) vom Spielplan ab/setzen
Die Veranstaltung wurde krankheitshalber abgesagt.
Die Vorstellung beginnt (a, o) um acht und endet gegen zehn Uhr.
Wie lange dauert der erste Teil?
Für die Nachmittagsvorstellung sind sicher noch Karten zu haben.
Wir haben nur noch Stehplätze bekommen.
Die Vorstellung ist ausverkauft.
Das Stück wurde erstmals (erstmalig) 1950 aufgeführt.
Die Uraufführung fand in Kiel statt. Das Stück wurde in Kiel uraufgeführt.
Die Garderobe muß abgegeben werden.
Der Zuschauerraum ist vollbesetzt, bis auf den letzten Platz besetzt.
Der Vorhang *geht auf (hebt sich), *fällt.
den Vorhang auf/ziehen (o, o), herab/lassen (ie, a, ä)
Das Stück wurde in deutscher Fassung auf die Bühne gebracht.
Der Autor saß im Publikum, unter den Zuschauern.
Der Roman wurde für die Bühne bearbeitet.
ein Schauspiel in drei Akten
die Einheit der Zeit, des Orts, der Handlung
der Schauplatz der Handlung
Die Szene spielt in Bayern, spielt sich in Bayern ab.
eine Rolle ein/studieren, proben
im Rampenlicht, im Scheinwerferlicht stehen (a, a)
den Scheinwerfer auf jn. richten
Sämtliche Rollen waren mit erfahrenen Künstlern besetzt.
Der Held *tritt erst in der zweiten Szene des ersten Aktes auf.
Er stellt einen jugendlichen Liebhaber dar.
Die Rolle ist ihr (D) wie auf den Leib geschrieben.
Da der Hauptdarsteller indisponiert war, mußte das Stück umbesetzt werden.
Ein Neuling mußte für ihn *ein/springen (a, u).
Er spielte aus dem Stegreif.
jm. das Stichwort geben (a, e, i)
einen Monolog halten (ie, a, ä)
In der Rolle des Hamlet war er hervorragend.
Die Inszenierung hat großen Anklang gefunden.
Sie steht am Anfang ihrer schauspielerischen Laufbahn.
Die Darbietung erntete viel Beifall.
Die Zuschauer klatschten Beifall, spendeten lebhaften Beifall.
Das Stück war ein großer Erfolg, es hatte viel Erfolg.
Es war ein totaler Mißerfolg, es *fiel durch.
Die eigenwillige Inszenierung fand ein positives Echo in der Presse.

inscrire qch. au programme de la saison
retirer qch. du programme
La représentation a été annulée pour cause de maladie.
Le spectacle commence à huit heures et se termine vers dix heures.
Combien de temps dure la première partie?
Il y a certainement encore des places en matinée.
Nous n'avons pu avoir que des places debout.
Le spectacle est complet.
Cette pièce a été donnée pour la première fois en 1950.
La première a eu lieu à Kiel.
Le vestiaire est obligatoire.
La salle est comble.
Le rideau se lève, tombe.
lever, baisser le rideau
La pièce a été représentée dans sa version allemande.
L'auteur était dans le public, parmi les spectateurs.
Ce roman a été adapté pour la scène.
une pièce en trois actes
l'unité de temps, de lieu et d'action
le lieu de l'action
La scène se passe en Bavière.
étudier (apprendre, travailler), répéter un rôle
être sous les feux de la rampe
diriger le projecteur vers qn.
Tous les rôles étaient tenus par des acteurs expérimentés.
Le héros n'entre en scène qu'à la scène II de l'acte I.
Il interprète le rôle du *jeune premier*.
C'est comme si le rôle avait été écrit pour elle.
L'acteur principal étant souffrant, la distribution a dû être modifiée.
Un néophyte a dû le remplacer au pied levé.
Il a improvisé.
donner la réplique à qn.
dire un monologue
Dans le rôle d'Hamlet, il fut excellent.
La mise en scène a reçu un accueil très favorable.
Elle en est aux débuts de sa carrière d'actrice.
La représentation fut longuement applaudie.
Les spectateurs ont applaudi, ont applaudi à tout rompre.
La pièce a été un grand succès.
Cela fut un échec total, cela a été un four complet (un bide).
La mise en scène originale a trouvé un écho favorable dans la presse.

Der Film

der Film (e)	le cinéma [art] - le film
das Kino (s)	le cinéma, la salle de cinéma
das Freilichtkino (s)	le cinéma en plein air
die Leinwand ("e)	l'écran
der Stummfilm (e)	le film muet
der Tonfilm (e)	le film parlant
die Originalfassung (en)	la version originale
etw. (A) untertiteln	sous-titrer qch.
etw. (A) synchronisieren	synchroniser qch.
die Synchronisation	la synchronisation
der Farbfilm (e), der Buntfilm (e)	le film en couleur
der Schwarzweißfilm (e)	le film en noir et blanc
der Spielfilm (e)	le long métrage
der Kurzfilm (e)	le court métrage
der Autoren-Film (e)	le film d'auteur
der Unterhaltungsfilm (e)	le film de divertissement
der Kriminalfilm (e)	le film policier
der Dokumentarfilm (e)	le documentaire
dokumentarisch	documentaire
der Trickfilm (e)	le dessin animé, le film d'animation
das Filmschaffen	la création cinématographique
die Filmindustrie, die Filmwirtschaft	l'industrie cinématographique
das Filmstudio (s), das Filmatelier (s)	le studio
der Regisseur (e) [pr. franç]	le metteur en scène

Le cinéma

Regie führen	mettre en scène
der Filmemacher (-)	le cinéaste, l'auteur-réalisateur
etw. (A) drehen	tourner [un film]
die Dreharbeiten [pl.]	le tournage
das Drehbuch (¨er)	le scénario
der Drehbuchautor (en)	le scénariste
der Filmschauspieler (-)	l'acteur de cinéma
der Filmstar (s)	la vedette de cinéma
der Stuntman (-men) [pr. angl.]	le cascadeur
der Statist (en, en)	le figurant
der Kameramann (¨er ou -leute)	le cameraman
die Kamera (s)	la caméra
die Spule (n)	la bobine
etw. (A) filmen	filmer qch.,
etw. (A) auf/nehmen (a, o, i)	faire une prise de vues
die Filmaufnahme (n)	la prise de vues
die Außenaufnahmen [pl.]	les extérieurs, le tournage en extérieur
die Innenaufnahmen [pl.]	le tournage en studio
die Tonaufnahme (n)	la prise de son
der Schnitt	le montage
die Rückblende (n)	le flash-back
das Filmfestival (s),	
die Filmfestspiele [pl.]	le festival cinématographique
einen Film vor/führen	présenter, montrer un film

Sie will zum Film.

Er ist beim Film.

Der Roman ist verfilmt worden.

einen Film über den Bauernkrieg drehen

Wir haben mit den Dreharbeiten [pl.] begonnen.

Die Dreharbeiten [pl.] sind beendet, sind zu Ende.

die Kamera führen

in einem Film mit/wirken, spielen

Er hatte eine Rolle als Detektiv.

Wer hat bei diesem Film Regie geführt?

Wenn sie auf der Leinwand *erscheint, schlagen alle Männerherzen höher.

etw. (A) auf die Leinwand bringen (a, a)

Was wird heute abend im Kino gegeben?

Der Film *läuft zur Zeit über die Leinwand [sg.].

Er *läuft in der Originalfassung mit deutschen Untertiteln.

Wie *geht der Film aus?

Es war ein sehr großer Publikumserfolg.

Der Erfolg des Films *blieb aus.

ein künstlerisch und zugleich finanziell erfolgreicher Film

Der Film wurde bei den Berliner Filmfestspielen prämiert.

Die heimische Filmproduktion findet keine Resonanz.

dem deutschen Film internationale Anerkennung bringen (a, a)

Die Besucherzahlen *schwinden (a, u).

eine aufwendige deutsch-französische Koproduktion

einen Film zur öffentlichen Vorführung frei/geben (a, e, i)

Für Jugendliche unter 18 Jahren nicht geeignet.

gewaltverherrlichende, pornographische Inhalte

Elle veut faire du cinéma.

Il fait du cinéma.

Ce roman a été adapté pour le cinéma.

tourner un film sur la guerre des Paysans

Nous avons commencé le tournage.

Le tournage est fini.

tenir la caméra

jouer (tourner) dans un film

Il tenait le rôle d'un détective.

Qui a fait la mise en scène de ce film ?

Quand elle apparaît sur l'écran, le cœur des hommes bat plus vite.

porter qch. à l'écran

Que joue-t-on ce soir au cinéma ?

Le film passe actuellement sur les écrans.

Il est projeté en version originale sous-titrée en allemand.

Comment le film se termine-t-il ?

Cela a été un très grand succès.

Le film n'a pas eu de succès.

un film couronné de succès sur le plan artistique comme sur le plan financier

Le film a été récompensé au Festival du film de Berlin.

La production cinématographique nationale ne trouve pas d'écho.

valoir au cinéma allemand un hommage international

La fréquentation des salles est en baisse.

une coproduction franco-allemande onéreuse

autoriser l'exploitation d'un film

Interdit aux moins de 18 ans.

des contenus exaltant la violence, des contenus pornographiques

Die Musik

die Musik	la musique
die ernste Musik	la musique sérieuse
musikalisch sein	être doué pour la musique
musikalisch	musical(ement), musicien [adj.]
der Musiker (-)	le musicien
musizieren, Musik machen	faire de la musique
komponieren	composer
der Komponist (en, en)	le compositeur
die Komposition (en)	la composition
die Partitur (en)	la partition
die Note (n)	la note
die Notenlehre	le solfège
der Notenschlüssel (-)	la clef
der Akkord (e)	l'accord
die Harmonie (n)	l'harmonie
harmonisch	harmonique
der Takt (e)	la mesure
im Takt	en mesure
der Rhythmus (Rhythmen)	le rythme
rhythmisch	rythmique
die Melodie (n)	la mélodie
melodisch	mélodieux
das (Musik)instrument (e)	l'instrument (de musique)
der Klang (¨e)	le timbre (d'un instrument)
das Streichinstrument (e)	l'instrument à cordes (les cordes)
die Saite (n)	la corde
der Streicher (-)	le joueur d'instruments à cordes
das Streichquartett (e)	le quatuor à cordes
die Geige (n), die Violine (n)	le violon
geigen	jouer du violon
der Geiger (-)	le violoniste
der (Geigen)bogen (¨)	l'archet
die Bratsche (n)	l'alto
der Geigenbauer (-)	le luthier

La musique

das Cello (Celli, Cellos)	le violoncelle
der Cellist (en, en)	le violoncelliste
die Baßgeige, der Kontrabaß (¨sse)	la contrebasse
das Zupfinstrument (e)	l'instrument à cordes pincées
die Gitarre (n)	la guitare
die Harfe (n)	la harpe
die Taste (n)	la touche
das Klavier (e)	le piano droit
der Flügel (-)	le piano à queue
der Pianist (en, en)	le pianiste
das Cembalo (Cembali, Cembalos)	le clavecin
die Orgel (n)	l'orgue, les orgues
der Organist (en, en)	l'organiste
das Blasinstrument (e)	l'instrument à vent
blasen (ie, a, ä)	souffler
der Bläser (-)	le joueur d'instruments à vent
das Blechblasinstrument (e)	l'instrument en cuivre (les cuivres)
die Trompete (n)	la trompette
der Trompeter (-)	le trompettiste
die Posaune (n)	le trombone
der Posauner (-)	le (joueur de) trombone
das Horn (¨er)	le cor
die Holzblasinstrumente	les bois
die Klarinette (n)	la clarinette
die Oboe (n)	le hautbois
der Oboer (-), der Oboist (en, en)	le hautboïste
die (Block)flöte (n)	la flûte (à bec)
die Querflöte (n)	la flûte traversière
die Trommel (n)	le tambour, la grosse caisse
der Trommler (-)	le (joueur de) tambour
trommeln	jouer du tambour
die Pauke (n)	la timbale
die Zimbeln, die Becken	les cymbales
die Zwölftonmusik	la musique dodécaphonique

die klassische, zeitgenössische, anspruchsvolle Musik
ein musikalisches Kind
Er hat kein musikalisches Gehör.
Kannst du von Noten ab/spielen, vom Blatt spielen?
Er spielt alles auswendig (aus dem Kopf).
Er ist zwar äußerst unmusikalisch, dennoch hört er gern Musik.
Er widmet sich (A) mit ganzer Seele der Musik (D).
Klavier, Geige, Fagott spielen
Fingerübungen machen
Wenn du das Instrument beherrschen willst, mußt du viel üben.
ein Klavierstück ein/üben
Mit meiner Schwester spiele ich manchmal vierhändig.
Die Musiker stimmen ihre Instrumente.
Die Geige ist verstimmt.
den Takt an/geben (a, e, i)
im Takt spielen
aus dem Takt *kommen (a, o)
alle Register ziehen (o, o)
die Tonleiter : C D E F G A H C

+++ p. 230 (images et son)

la musique classique, contemporaine, difficile
un enfant doué pour la musique
Il n'a pas d'oreille.
Sais-tu déchiffrer ?
Il joue tout par cœur.
Il n'entend certes rien à la musique, mais il aime bien en écouter.
Il se consacre pleinement (de toute son âme) à la musique.
jouer du piano, du violon, du basson
faire des gammes
Si tu veux maîtriser l'instrument, il faudra beaucoup t'exercer.
travailler une pièce de piano
Avec ma sœur, nous jouons parfois à quatre mains.
Les musiciens accordent leurs instruments.
Le violon est désaccordé.
donner la mesure
jouer en mesure
perdre la mesure
jouer sur tous les registres [sens propre et figuré]
la gamme : do ré mi fa sol la si do

Konzert, Oper, Ballett

das Konzert (e)	le concert
das Orchester (-)	l'orchestre
der Dirigent (en, en)	le chef d'orchestre
dirigieren	diriger (un orchestre)
der Taktstock ("e)	la baguette
der Interpret (en, en), die Interpretin (nen)	l'interprète
die Interpretation (en)	l'interprétation
hervorragend	excellent, remarquable
der Virtuose (n, n)	le virtuose
der Solist (en, en)	le soliste
das Solo (Soli)	le solo
improvisieren	improviser
die Improvisation (en)	l'improvisation
die Sinfonie, Symphonie (n)	la symphonie
sinfonisch	symphonique
der Satz ("e)	le mouvement
die Sonate (n)	la sonate
die Oper (n)	l'opéra [œuvre]
die Operette (n)	l'opérette
das Vorspiel (e)	le prélude, l'introduction
das Opernhaus ("er)	l'opéra [édifice]
die Opernsängerin (-)	la chanteuse d'opéra
der Gesang [sg.]	le chant
singen (a, u)	chanter
die Sängerin (nen)	la cantatrice
der Sänger (-)	le chanteur
die Stimme (n)	la voix
einstimmig	à une voix
mehrstimmig	à plusieurs voix
die Stimmlage (n)	la voix [registre], la tessiture
der Sopran (e)	le soprano

Concert, opéra, ballet

der Alt [sg.], die Altstimme (n)	l'alto
der Tenor (e)	le ténor
der Bariton (e)	le baryton
der Baß ("sse)	la basse
der Vortrag	l'interprétation [musique, chant, poésie]
etw. (A) vor/tragen (u, a, ä)	interpréter, chanter qch.
das Lied (er)	le lied
das Volkslied (er)	le chant populaire, le Volkslied
die Kantate (n)	la cantate
die Arie (n)	l'air
jn. begleiten [v. faible]	accompagner qn.
die Begleitung (en)	l'accompagnement
der Chor ("e)	la chorale, le chœur
das Oratorium (Oratorien)	l'oratorio
die Kirchenmusik, die geistliche Musik	la musique sacrée
das Musical (s) [pr. angl.]	la comédie musicale
der Tanz ("e)	la danse
das Ballett (e)	le ballet
die Ballettmusik	la musique de ballet
die Balletttruppe (n)	la troupe de ballet
der Balletttänzer (-)	le danseur de ballet
die Balletttänzerin (nen)	la ballerine, la danseuse de ballet
die Primaballerina (-inen)	la danseuse étoile
der (erste) Solotänzer (-)	le danseur étoile
die Bewegung (en)	le mouvement
sich (A) bewegen	se mouvoir
tanzen	danser
auf den Spitzen tanzen	faire des pointes
zierlich, grazil	gracile
anmutig, graziös	gracieux
kraftvoll	puissant

Musikunterricht, Gesang(s)unterricht nehmen (a, o, i)
ein leidenschaftlicher Opernliebhaber *sein
ein Opernanrecht, ein Konzertabonnement haben
ins Konzert, in die Oper *gehen (i, a)
Wir sitzen im Parkett : 1. (erste) Reihe, 11. (elfter) Sitz.
Wir haben Karten für die «Zauberflöte» von Mozart bekommen.
ein Konzert in Cis-Moll, in B-Dur
eine Sinfonie in drei Sätzen
das Quartett (e), das Quintett, das Sextett
Es spielen die Berliner Philharmoniker unter der Leitung von Herbert
   von Karajan.
ein Orchester leiten
den Ton an/geben (a, e, i)
Franz Schubert hat Goethes Gedicht «An den Mond» vertont.
einen Liederabend veranstalten
einen Sänger am Klavier begleiten [v. faible.]
solo singen, im Duett singen (a, u)
Das Konzert endete mit einer Sonate von Beethoven.
eine meisterhafte Interpretation eines Klavierkonzerts bieten (o, o)
ein lyrisches Drama zur Aufführung bringen (brachte, gebracht)
Die Sängerin wurde herausgerufen und gab noch eine Zugabe.
die Matthäus-Passion, die Johannes-Passion
Hast du schon einmal einer (Opern)premiere (D) beigewohnt?
Dürfen wir bei der Generalprobe zu/hören?
In der Sommerpause geht das Orchester auf Tournee.
die Salzburger Festspiele, die Bayreuther Festspiele [pl.]

prendre des cours de musique, de chant
être un amateur passioné d'opéra
avoir un abonnement à l'opéra, aux concerts
aller au concert, à l'opéra
Nous avons des places d'orchestre : 1re rangée, place n° 11.
Nous avons eu des places pour *la Flûte enchantée* de Mozart.
un concert en ut dièse mineur, en si bémol majeur
une symphonie en trois mouvements
le quatuor, le quintette, le sextuor
Ce concert est exécuté par l'orchestre philharmonique de Berlin
   sous la direction de Herbert von Karajan.
diriger un orchestre
donner le ton, donner le la
Franz Schubert a mis en musique le poème de Goethe «A la lune».
organiser une soirée lyrique
accompagner un chanteur au piano
chanter en solo, en duo
Le concert s'est terminé par une sonate de Beethoven.
donner une interprétation magistrale d'un concerto pour piano
monter un drame (une œuvre) lyrique
La cantatrice a été bissée et a donné un rappel.
la Passion selon saint Matthieu, selon saint Jean
As-tu déjà assisté à une première d'opéra ?
Pouvons-nous assister à la répétition générale ?
Pendant la relâche estivale, l'orchestre part en tournée.
le Festival de Salzbourg, de Bayreuth

Die Malerei

die Malerei	la peinture
malen	peindre, faire de la peinture
malerisch	pictural - pittoresque
der Kunstmaler (-)	l'artiste peintre
die Kunstmalerin (nen)	l'artiste peintre
das Atelier (s) [pr. franç.], das Studio (s)	l'atelier
das Gemälde (-)	la toile, le tableau
die Gemäldegalerie (n)	la galerie de tableaux, de peinture
die Gemäldesammlung (en)	la collection de tableaux
die Gemäldeausstellung (en)	l'exposition de peinture
das Ölgemälde (-)	la peinture à l'huile
abstrakt	abstrait
figurativ, figürlich	figuratif
das Aquarell (e)	l'aquarelle
das Bild (er)	le tableau - l'image - la photo
die Abbildung (en)	la représentation, l'image
etw. (A) ab/bilden	figurer, représenter qch.
das Landschaftsbild (er), die Landschaft (en)	le paysage
das Stilleben (-)	la nature morte
das Porträt (s) [pr. franç], das Bildnis (se)	le portrait
das Selbstbildnis (se), -porträt (s)	l'autoportrait
der Akt (e)	le nu
das Modell (e)	le modèle
das Motiv (e)	le thème, le motif
die Studie (n)	l'étude
zeichnen	dessiner
die Zeichnung (en)	le dessin
der Zeichner (-)	le dessinateur
der Graphiker, Grafiker (-)	le *graphiste*
graphisch, grafisch	graphique

La peinture

karikieren	caricaturer
die Karikatur (en)	la caricature
karikaturistisch	caricatural
der Karikaturist (en, en)	la caricaturiste
etw. (A) skizzieren	croquer, esquisser qch.
die Skizze (n)	le croquis, l'esquisse
etw. (A) illustrieren	illustrer qch.
die Illustration (en)	l'illustration
der Illustrator (-toren)	l'illustrateur
der Entwurf ("e)	l'ébauche
etw. (A) entwerfen (a, o, i)	ébaucher qch.
etw. (A) ab/pausen	décalquer qch.
das Original (e)	l'original
original	d'origine
originell	original
etw. (A) kopieren	copier qch.
die Kopie (n)	la copie
etw. (A) fälschen	falsifier qch., faire un faux
die Fälschung (en)	le faux
etw. (A) restaurieren	restaurer qch.
der Restaurator (-toren)	le restaurateur
die Perspektive (n)	la perspective
etw. (A) umreißen (i, i)	tracer les contours de qch., ébaucher qch.
der Umriß (sse)	le contour
der Strich (e)	le trait
die Fläche (n)	la surface
das Licht	la lumière
der Schatten (-)	l'ombre
der Kontrast (e)	le contraste
gegen etw. ab/stechen (a, o, i), sich (A) gegen etw. ab/heben (o, o)	trancher sur, se détacher sur qch.
die Farbe (n)	la couleur - la peinture

farblich	chromatique
der Farbton (¨e)	la nuance (chromatique)
rot, blau, gelb, grün	rouge, bleu, jaune, vert
lila, rosa	mauve, rose
weiß, schwarz, grau, braun	blanc, noir, gris, brun
bunt	multicolore
hell	clair
dunkel	foncé, sombre
die Ölfarbe (n)	la peinture à l'huile

ein Bild entwerfen (a, o, i), malen, signieren, aus/stellen
ein Motiv wählen, dar/stellen, ab/bilden
die gerade, schräge, senkrechte, waagerechte Linie (n)
helle Farben auf dunklem Grund
leuchtende, grelle, schreiende Farben
ein Buch mit farbigen Abbildungen
einem Maler Modell sitzen (a, e), stehen (a, a)
sich (A) malen lassen (ie, a, ä)
jn. in Lebensgröße malen
ein Bild ein/rahmen
etw. (A) anschaulich dar/stellen
ein Bild betrachten, sich (D) ein Bild an/sehen (a, e, ie)
ein Bild beschreiben (ie, ie)
Im Vordergrund sind ein Mann und eine Frau dargestellt.
Die beiden Gestalten (Figuren) drehen dem Betrachter den Rücken zu.
Ihr Blick ist in die Ferne gerichtet. Sie richten ihren Blick in die Ferne.
Links im Hintergrund ist ein Dorf zu erkennen.
Den Mittelpunkt des Gemäldes bildet der Mond.
Dadurch *entsteht (a, a) der Eindruck räumlicher Tiefe.
Auf dem Gemälde ist die Tochter des Künstlers abgebildet.
Ihr blasses Gesicht hebt sich gegen den dunklen Hintergrund ab.
Der Blick des Betrachters *fällt zuerst auf das Gesicht des Mädchens.
die Aufmerksamkeit auf etw. (A) lenken

die Wasserfarbe (n)	la peinture à l'eau, la gouache
der Pinsel (-)	le pinceau
etw. (A) mischen	mélanger qch.
etw. (A) auf/tragen (u, a, ä)	appliquer qch.
die Leinwand ("e)	la toile
die Staffelei (en)	le chevalet
der Rahmen (-)	le cadre
etw. (A) ein/rahmen	encadrer qch.
der Glasrahmen (-)	le sous-verre

ébaucher, peindre, signer, exposer un tableau
choisir, représenter, reproduire un motif
la ligne droite, oblique, verticale, horizontale
des couleurs claires sur fond sombre
des couleurs lumineuses, vives, criardes
un livre illustré en couleurs
poser pour un peintre
se faire faire son portrait
peindre qn. en grandeur nature
encadrer un tableau
représenter qch. d'une façon claire (vivante)
regarder un tableau
décrire un tableau
Au premier plan sont représentés un homme et une femme.
Les deux silhouettes (personnages) tournent le dos à l'observateur.
Leur regard est dirigé vers le lointain.
Au fond à gauche, on peut discerner un village.
C'est la lune qui est au centre de ce tableau.
C'est cela qui donne une impression de profondeur.
La fille de l'artiste est représentée (figure) sur le tableau.
La pâleur de son visage tranche (se détache) sur le fond sombre.
Le regard de l'observateur se porte d'abord sur le visage de la fillette.
attirer l'attention sur qch.

Skulptur und Architektur

die Bildhauerei	la sculpture [art]
der Bildhauer (-)	le sculpteur
der Meißel (-)	le burin, le ciseau
meißeln	sculpter, ciseler, buriner [pierre]
die Plastik (en), die Skulptur (en)	la sculpture [œuvre]
plastisch	plastique
die Statue (n), das Standbild (er)	la statue
die Figur (en)	la figure, la figurine, la statuette
das Reiterstandbild (er)	la statue équestre
der Torso (s)	le torse
die Büste (n)	le buste
die Haltung	l'attitude
lebensecht	fidèle, réaliste, naturel
steif	figé
die Form (en)	la forme
rund	rond
eckig	anguleux
viereckig	rectangulaire
quadratisch	carré
ausdrucksvoll	expressif
ausdruckslos	inexpressif
etw. (A) formen	former qch., donner une forme à qch.
etw. (A) modellieren	modeler qch.
etw. (A) gießen (o, o)	couler qch.
der Guß ("sse)	le moulage
die Bronze (n)	le bronze
bronzen [adj.]	en bronze
etw. (A) schnitzen	tailler qch. [bois, os, ivoire,...]
die Holzschnitzerei	la sculpture sur bois
der Holzschnitzer (-)	le sculpteur sur bois
der Holzschnitt (e)	la gravure sur bois
der Kupferstecher (-)	le graveur sur cuivre
der Kupferstich (e)	la gravure sur cuivre
die Radierung (en)	l'eau-forte
die Lithographie (n)	la lithographie
die Baukunst, die Architektur	l'architecture
architektonisch	architectonique
baulich	architectural
der Architekt (en, en)	l'architecte

Sculpture et architecture

der Grundriß (sse)	le plan
die Fassade (n)	la façade
der Giebel (-)	le pignon
symmetrisch	symétrique
asymmetrisch	asymétrique
die Symmetrie	la symétrie
das Gebäude (-)	le bâtiment
der Bau (Bauten)	la construction
das Bauwerk (e)	l'édifice
profan	profane
sakral	religieux, sacré
einfach, schlicht	sobre
schmucklos	dépouillé
verziert	orné, décoré
überladen	surchargé
der Baustil (e)	le style architectural
byzantinisch	byzantin
griechisch	grec
römisch	romain
die Romanik	l'art roman, le roman
romanisch	roman
die Gotik	l'art gothique, le gothique
die Spätgotik	le gothique flamboyant
gotisch	gothique
das Barock	l'art baroque, le baroque
barock	baroque
der Klassizismus	le néoclassicisme
die Kapelle (n)	la chapelle
die Kirche (n)	l'église
der Dom (e), das Münster (-), die Kathedrale (n)	la cathédrale
die Krypta (Krypten)	la crypte
das (Kirchen)schiff (e)	la nef
das Seitenschiff (e)	le bas-côté, la nef latérale
das (Tonnen)gewölbe (-)	la voûte (en berceau)
das Kreuzgewölbe (-)	la croisée d'ogives
die Kuppel (n)	la coupole
der Pfeiler (-)	le pilier
die Säule (n)	la colonne

der Strebepfeiler (-)	le contrefort
die Vierung (en)	la croisée du transept
der Chor (e)	le chœur
das Kirchenfenster (-)	le vitrail
der (Kirch)turm (¨e)	la tour, le clocher
der Glockenturm (¨e)	le clocher
die Glocke (n)	la cloche
der Tempel (-)	le temple
das Kloster (¨)	le monastère, le couvent
der Kreuzgang (¨e)	le cloître

Gegenstände aus Knochen, Elfenbein, Horn, Jade schnitzen
etw. (A) in Stein, in Marmor hauen (haute, gehauen, er haut)
das flüssige Metall in eine Form (A) gießen (o, o)
eine in Bronze gegossene Figur
eine Bronze erwerben (a, o, i)
einen Plan entwerfen (a, o, i)
ein Bauwerk errichten
Die Burg stammt aus dem 12. (zwölften) Jahrhundert.
Mit dem Bau des Kölner Doms wurde im Mittelalter begonnen.
das Freiburger Münster
unter Denkmalschutz stehen (a, a)
ein gut erhaltener Renaissancebau
mit Fresken verzierte Mauern

+++ p. 118 (mois, années), p. 160 (le bâtiment), p. **270** (Église et État)

die Pyramide (n)	la pyramide
der Obelisk (en, en)	l'obélisque
der Palast (¨e)	le palais
das Schloß (Schlösser)	le château
die Burg (en)	le château-fort
die Ruine (n)	la ruine
das Baudenkmal (¨er)	le monument (historique)
etw. (A) erhalten (ie, a, ä)	sauvegarder qch.
die Erhaltung	la sauvegarde
etw. (A) wiederauf/bauen	reconstruire qch.

sculpter des objets en os, ivoire, corne, jade
sculpter qch. dans la pierre, le marbre
verser le métal liquide dans un moule
une statuette de bronze moulé
faire l'acquisition d'un bronze
esquisser un plan
construire (ériger) un édifice
Le château-fort date du XIIe siècle.
La construction de la cathédrale de Cologne a commencé au Moyen Âge.
la cathédrale de Fribourg
être classé monument historique
un édifice (une construction) Renaissance bien conservé(e)
des murs ornés de fresques

Die Literatur

die Literatur	la littérature
literarisch	littéraire [relatif à la littérature]
schreiben (ie, ie)	écrire
der Schriftsteller (-)	l'écrivain
schriftstellerisch	littéraire [relatif à l'écrivain]
die Schrift (en)	l'écrit, l'œuvre, l'écriture
das Manuskript (e)	le manuscrit
der Text (e)	le texte
etw. (A) verfassen	écrire, composer qch.
der Verfasser (-), der Autor (oren)	l'auteur
das Buch (¨er)	le livre
der Bestseller (-)	le best-seller
preisgekrönt	primé
das Fachbuch (¨er)	l'ouvrage spécialisé
das Wörterbuch (¨er)	le dictionnaire
das Lexikon (Lexika, Lexiken)	le dictionnaire (encyclopédique)
die Übersetzung (en)	la traduction
der Übersetzer (-)	le traducteur
etw. (A) übersetzen	traduire qch.
der Band (¨e)	le volume, le tome
die Gliederung (en), der Aufbau	le plan, la construction
etw. (A) gliedern, etw. (A) auf/bauen	faire le plan de qch.
das Vorwort (e)	la préface, l'avant-propos
das Nachwort (e)	la postface
der Titel (-)	le titre [d'une œuvre]
die Überschrift (en)	le titre [paragraphe, article,...]
etw. (A) betiteln	donner un titre à qch.
die Anmerkung (en)	l'annotation
die Fußnote (n)	la note (de bas de page)
die Inhaltsangabe (n)	le sommaire
das Inhaltsverzeichnis (se)	la table des matières
die Zeile (n)	la ligne
der Abschnitt (e), der Absatz (¨e)	le paragraphe, l'alinéa
die Stelle (n)	le passage
stellenweise	par endroits
das Kapitel (-)	le chapitre
der Auszug (¨e), der Ausschnitt (e)	l'extrait
das Zitat (e)	la citation
(jn.) zitieren	faire une citation (citer qn.)

La littérature

die Aufklärung	le siècle des lumières
der Sturm und Drang	le préromantisme
die Klassik	le classicisme
klassisch	classique
der Klassiker (-)	le classique
die Romantik	le romantisme
romantisch	romantique
der Romantiker (-)	le romantique
der Naturalismus	le naturalisme
naturalistisch	naturaliste
der Naturalist (en, en)	le naturaliste
der Symbolismus	le symbolisme
symbolistisch	symboliste
der Expressionismus	l'expressionisme
expressionistisch	expressioniste
der Expressionist (en, en)	l'expressioniste
der Dadaismus	le dadaïsme
der Surrealismus	le surréalisme
die Prosa	la prose
der Roman (e)	le roman
der Groschenroman (e)	le roman de quat'sous
der Romanschriftsteller (-), der Romancier (s) [pr. franç.]	le romancier
romanhaft	romanesque
die Heldin (nen)	l'héroïne
der Held (en, en)	le héros
die Hauptfigur (en), die Hauptperson (en)	le personnage principal
die zentrale Gestalt (en)	le personnage central
die Novelle (n)	la nouvelle
die Erzählung (en)	le récit, la nouvelle
etw. (A) erzählen	raconter qch.
der Erzähler (-)	le narrateur
die Geschichte (n)	l'histoire
historisch	historique
autobiographisch	autobiographique
die Fabel (n)	la fable
die Sage (n)	la légende
das Märchen (-)	le conte

der Aufsatz (¨e)	l'essai
die Satire (n) auf etw. (A)	la satire de qch.
satirisch	satirique
der Satiriker (-)	l'auteur satirique
der Comic (s) [pr. angl.], das Comicheft (e)	la bande dessinée
die Lyrik	la poésie, le lyrisme
dichten	faire de la poésie
der Dichter (-)	le poète
dichterisch, poetisch	poétique
die Dichtkunst, die Dichtung	la poésie [art poétique]
das Gedicht (e), die Dichtung (en)	la poésie, le poème
die Gedichtsammlung (en)	l'anthologie, le recueil de poèmes
etw. (A) aus/wählen	choisir, sélectionner qch.
die Auswahl	le choix
das Epos (Epen)	l'épopée
die Ballade (n)	la ballade
die Ode (n)	l'ode

das Sonett (e)	le sonnet
der Vers (e)	le vers
die Strophe (n)	la strophe
der Reim (e)	la rime
sich (A) reimen (auf + A)	rimer (avec)
die Sprache (n)	la langue
sprachlich	linguistique
gepflegt, ausgesucht	choisi - châtié
sich (A) aus/drücken	s'exprimer
der Ausdruck ("e)	l'expression
die Ausdrucksweise (n)	la façon de s'exprimer
die Umgangssprache	la langue parlée, familière
umgangssprachlich	familier, de la langue parlée
der Stil (e)	le style
stilistisch	stylistique
die Metapher (n)	la métaphore
das Symbol (e)	le symbole
symbolisch	symbolique

Lesen und Interpretieren

lesen (a, e, ie)	lire
der Leser (-)	le lecteur
die (Autoren)lesung (en)	la lecture publique
die Leseratte (n),	
der Bücherwurm ("er)	le rat de bibliothèque
etw. (A) durch/lesen (a, e, ie)	lire entièrement qch.
etw. (A) durch/blättern	feuilleter qch.
jm. etw. (A) vor/lesen (a, e, ie)	lire qch. à qn.
jm. zu/hören	écouter qn.
der Zuhörer (-)	l'auditeur
der Inhalt (e)	le contenu
spannend, packend	captivant
ergreifend	saisissant, émouvant
wahrheitsgetreu, wahrheitsgemäß	véridique
etw. (A) verherrlichen	glorifier qch.
die Verherrlichung (en)	la glorification
die Beschreibung (en)	la description
sachlich, nüchtern	sobre
ausführlich	détaillé
etw. (A) schildern	dépeindre qch.
die Schilderung (en)	la peinture, la narration
etw. (A) an/deuten	faire allusion à qch.

gern lesen (a, e, i)
(sich [D]) ein Buch in einer Bücherei aus/leihen (ie, ie)
sich (A) in (A) ein Buch vertiefen
einen Roman verschlingen (a, u)
die Erzählung in einem Zuge durch/lesen (a, e, ie)
Ich habe das Buch noch nicht zu Ende gelesen.
Ich bin erst auf Seite 20.
Ich habe nur ein paar Seiten von diesem Buch gelesen.
ein Werk in fünf Bänden
der Kriminalroman, der Liebesroman
Schneewittchen, Dornröschen, Rotkäppchen, Aschenbrödel
ausgewählte Gedichte
ein dreistrophiges Gedicht
Gedichte vor/tragen (u, a, ä), rezitieren
Herz reimt sich auf Schmerz.

Lecture et interprétation

die Andeutung (en)	l'allusion
auf etw. (A) hin/weisen (ie, ie)	indiquer qch., attirer l'attention sur qch.
der Hinweis (e)	l'indication
etw. (A) hervor/heben (o, o)	mettre qch. en évidence
etw. (A) zusammen/fassen	résumer qch.
die Zusammenfassung (en)	le résumé
etw. (A) nach/erzählen	reconstituer qch.
die Nacherzählung (en)	la reconstitution
etw. (A) interpretieren, etw. (A) aus/legen, etw. (A) deuten	interpréter qch.
die Auslegung (en), die Deutung (en), die Interpretation (en)	l'interprétation
die Erläuterung (en)	le commentaire
etw. (A) erläutern	commenter, expliquer qch.
bedeuten	signifier
die Bedeutung (en)	la signification
etw. (A) mit etw. vergleichen (i, i)	comparer qch. avec qch.
der Vergleich (e)	la comparaison
etw. (A) etw. (D) gegenüber/stellen	opposer (comparer) qch. à qch.

aimer lire
emprunter un livre dans une bibliothèque
se plonger dans un livre
dévorer un roman
lire la nouvelle d'une seule traite
Je n'ai pas encore fini le livre.
J'en suis seulement à la page 20. [pour l'instant]
Je n'ai lu que quelques pages de ce livre. [en tout et pour tout]
une œuvre, un ouvrage en cinq volumes
le roman policier, le roman d'amour
Blanche-Neige, la Belle au bois dormant, le Petit Chaperon rouge, Cendrillon
des poèmes choisis
un poème en trois strophes
dire, réciter des poèmes
Cœur rime avec douleur.

etw. (A) aus dem Deutschen ins Französische übersetzen
Wovon handelt der Roman?
Das Buch handelt von einem berühmten Komponisten.
Die Romangestalt (Romanfigur) ist frei erfunden.
In dem Roman handelt es sich um...
Es ist die Rede von...
Der Roman behandelt einen historischen Stoff.
Er trägt einen vielversprechenden Titel.
Der Autor greift (i, i) einen bekannten Stoff wieder auf, gestaltet ihn um.
einen Gedanken in Worte fassen
einen Gedanken weiter/führen, aus/führen
Die Erzählung beruht auf einer wahren Begebenheit.
Sie ist im Erzählstil, in der Ichform geschrieben.
Sie enthält autobiographische Elemente.
Dieser Aufsatz zerfällt (gliedert sich) in drei Teile.
die Einleitung, der Hauptteil, der Schluß
einen Text nach verschiedenen Gesichtspunkten untersuchen
einen Vergleich ziehen (o, o), an/stellen
im Vergleich zu
Der Grundgedanke des Werkes ist...
im eigentlichen Sinn, im übertragenen Sinn
ein Beispiel an/führen
sich (A) mit jm. identifizieren
sich (A) in die Situation des Helden hinein/versetzen
Der menschliche Geist strebt danach, das Wahre zu erkennen.
Der Einfluß der Religion auf die Literatur ist unleugbar.
Dieses Gleichnis ist der Bibel entnommen.

+++ p. **206** (l'édition), p. **220** (l'opinion), p. **224** (la discussion)

traduire qch. de l'allemand en français
Quel est le sujet du roman?
Le livre parle d'un compositeur célèbre.
Le personnage du roman est imaginaire.
Dans ce roman, il s'agit de...
Il est question de...
Le roman traite un sujet historique.
Il porte un titre prometteur.
L'auteur reprend un sujet connu, le transforme.
exprimer une idée par des mots
poursuivre, développer une idée (une pensée)
La nouvelle repose sur un fait réel.
Elle est écrite dans le style narratif, à la première personne.
Elle contient des éléments autobiographiques.
Cet essai se divise en trois parties.
l'introduction, le développement, la conclusion
étudier, analyser un texte sous divers aspects
établir, faire une comparaison
en comparaison avec
L'idée fondamentale de l'œuvre est...
au sens propre, au sens figuré
donner un exemple
s'identifier avec qn.
se mettre dans la situation du héros
L'esprit humain est à la recherche de la vérité.
L'influence de la religion sur la littérature est indéniable.
Cette parabole est extraite (tirée) de la Bible.

12. Die Geschichte

Von den Anfängen bis zum Feudalismus

die Geschichte	l'Histoire
geschichtlich, historisch	historique
der Historiker (-)	l'historien
die Archäologie	l'archéologie
der Archäologe (n, n)	l'archéologue
archäologisch	archéologique
die Ausgrabungen [pl.]	les fouilles
etw. (A) aus/graben (u, a, ä)	déterrer, exhumer qch.
der Fund (e)	la découverte [objet]
das Zeitalter (-)	l'époque historique
die Urgeschichte, Vorgeschichte	la préhistoire
die Steinzeit	l'âge de pierre
der Neandertaler (-)	l'homme de Néanderthal
die Höhle (n)	la caverne
der Höhlenbewohner (-)	l'homme des cavernes
die ägyptische Kultur	la civilisation égyptienne
der Pharao (Pharaonen)	le pharaon
die Mumie (n)	la momie
jn. ein/balsamieren	embaumer qn.
der Ägypter (-)	l'Égyptien
der Grieche (n, n)	le Grec
der Römer (-)	le Romain
die Sklaverei	l'esclavage
der Sklave (n, n)	l'esclave
der Stamm (¨e)	la tribu
die Siedlung (en)	l'établissement, la *colonie*
der Germane (n, n)	le Germain

12. L'Histoire

Des origines au féodalisme

germanisch	germain
Gallien	la Gaule
der Gallier (-)	le Gaulois
der Slawe (n, n)	le slave
slawisch	slave
das Mittelalter	le Moyen Âge
mittelalterlich	médiéval, moyenâgeux
der Feudalismus	le féodalisme
der Leibeigene [adj. subst.]	le serf
der Hof ("e)	la cour
der Höfling (e)	le courtisan
der Ritter (-)	le chevalier
ritterlich	chevaleresque
der Graf (en, en), die Gräfin (nen)	le comte, la comtesse
die Grafschaft (en)	le comté
der Fürst (en, en), die Fürstin (nen)	le prince, la princesse
der Prinz (en, en), die Prinzessin (nen)	le prince, la princesse [non-régnant]
das Fürstentum ("er)	la principauté
der Kurfürst (en, en)	le prince-électeur
der Herzog ("e), die Herzogin (nen)	le duc, la duchesse
das Herzogtum ("er)	le duché
der Herrscher (-)	le souverain
über (A) ein Land herrschen	régner sur un pays
die Herrschaft	la souveraineté, le règne
der König (e), die Königin (nen)	le roi, la reine
königlich	royal
das Königreich (e)	le royaume

das Königshaus ("er), die Dynastie (n)	la dynastie
das Geschlecht (er)	la famille, la maison
die (absolute) Monarchie	la monarchie (absolue)
der (aufgeklärte) Absolutismus	l'absolutisme (éclairé)
der Kaiser (-)	l'empereur
kaiserlich	impérial
das Kaiserreich (e)	l'empire
die Krone (n)	la couronne
jn. krönen	couronner qn.
der Thron (e)	le trône

ein Gebiet besiedeln
sich (A) in einem Gebiet an/siedeln
die Abschaffung der Sklaverei
jn. zum König wählen
Das Recht der Königswahl stand den Kurfürsten (D) zu.
auf den Thron *gelangen [v. faible], den Thron besteigen (ie, ie)
die Macht der Herzöge brechen (a, o, i)
die Krone durch Heirat erwerben (a, o, i)
sich (A) vom Papst zum römischen Kaiser krönen lassen (ie, a, ä)
das Heilige Römische Reich Deutscher Nation
die deutsche Krone für erblich erklären
Die Krone *blieb lange im erblichen Besitz der Habsburger.
der Hundertjährige Krieg
Karl der Große war der König der Franken.
der deutsche Kaiser, der französische König

+++ p. 20 (les pays du monde), p. **108** (l'État), p. **254** (sculpture et architecture)

erblich	héréditaire
jm. *folgen	succéder à qn.
die Thronfolge (n)	la succession au trône
der Thronfolger (-), -erbe (n, n)	l'héritier du trône
der Thronfolgekrieg (e)	la guerre de succession
ab/danken	abdiquer
die Abdankung	l'abdication
der Sturz (¨e)	la chute, le renversement
jn. stürzen	renverser qn.
auf den Thron verzichten	renoncer au trône

peupler, coloniser un territoire
s'établir sur un territoire
l'abolition de l'esclavage
élire qn. roi
Le droit d'élire le roi revenait aux princes électeurs.
monter sur le trône
briser la puissance des ducs
acquérir la couronne par mariage
se faire couronner empereur romain par le pape
le Saint-Empire romain germanique
déclarer héréditaire la couronne d'Allemagne
La couronne resta longtemps possession héréditaire des Habsbourg.
la guerre de Cent ans [1357-1453]
Charlemagne fut roi des Francs.
l'empereur d'Allemagne, le roi de France

Kirche und Staat

die Kirche (n)	l'église
kirchlich	religieux
geistlich	religieux, ecclésiastique
der Geistliche [adj. subst.]	l'ecclésiastique, l'homme d'église
weltlich	profane, temporel
die Religion (en)	la religion
religiös	religieux
die Staatsreligion (en)	la religion d'État
die Glaubens-, Religionsfreiheit	la liberté religieuse
der Ökumenismus	l'œcuménisme
die Theologie	la théologie
das Alte, Neue Testament	l'Ancien, le Nouveau Testament
der Gott (¨er)	le dieu
göttlich	divin
an Gott (A) glauben	croire en Dieu
zu Gott beten [v. faible]	prier Dieu
das Gebet (e)	la prière
der Glaube (ns) [sg]	la foi, la croyance
(un)gläubig	(in)croyant
der Gläubige [adj. subst.]	le croyant
der Heide (n, n)	le païen
heidnisch	païen
gottlos, atheistisch	athée
der Atheist (en, en)	l'athée
der Schöpfer (-)	le créateur
der Prophet (en, en)	le prophète
der Apostel (-)	l'apôtre
der Heilige [adj. subst.]	le saint
der Anhänger (-)	l'adepte
das Christentum	le christianisme
der Christ (en, en)	le chrétien
christlich	chrétien
der Orthodoxe [adj. subst.]	l'orthodoxe

Église et État

der Katholik (en, en)	le catholique
der Katholizismus	le catholiscisme
katholisch	catholique
der Papst ("e)	le pape
das Papsttum	la papauté
das Bistum ("er)	l'évêché
der Bischof ("e)	l'évêque
das Konzil (e)	le concile
das Schisma (Schismen)	le schisme
der Kreuzzug ("e)	la croisade
die Reformation	la Réforme
der Bauernkrieg	la guerre des Paysans
der Protestantismus	le protestantisme
der Protestant (en, en)	le protestant
evangelisch, protestantisch	protestant
der Lutheraner (-)	le luthérien
lutherisch	luthérien
der Anglikaner (-)	l'anglican
die Gegenreformation	la Contre-Réforme
der Religionskrieg (e)	la guerre de religion
die Bartholomäusnacht	la nuit de la Saint-Barthélémy
der Hugenotte (n, n)	le huguenot
der Dreißigjährige Krieg	la guerre de Trente ans [1618-1648]
jn. verfolgen	poursuivre, persécuter qn.
die Verfolgung (en)	la persécution
der Götze (n, n)	le faux dieu, l'idole
etw. (A) an/beten	adorer qch.
die Hexe (n)	la sorcière
die Hexerei	la sorcellerie
der Scheiterhaufen (-)	le bûcher
jn. verbrennen (a, a)	brûler qn.
die Inquisition	l'Inquisition
der Inquisitor (-toren)	l'inquisiteur

von der Religion *ab/fallen (ie, a, ä)	renier sa religion
der Ketzer (-)	l'hérétique
die Ketzerei	l'hérésie
ketzerisch	hérétique
der Abtrünnige [adj. subst.]	le rénégat, l'infidèle
das Judentum	le judaïsme
der Jude (n, n), die Jüdin (nen)	le juif, la juive
jüdisch	juif
die Synagoge (n)	la synagogue

der Deutsche Orden
Gott sei Dank! Um Gottes willen!
Die christliche Lehre stützt sich (A) auf (A) die Bibel.
Martin Luther hat die Bibel ins Deutsche übersetzt.
Über (A) Luther wurde die Reichsacht verhängt.
Die Landesfürsten übernahmen die politische Führung der Reformation.
Ihnen (D) wurde die Kirchenhoheit überlassen.
die päpstliche Einmischung zurück/weisen (ie, ie)
auf die päpstliche Seite *treten (trat, getreten, er tritt)
Heinrich IV. (der Vierte) ist zum Katholizismus übergetreten.
die völlige Trennung von Staat und Kirche
Der Islam erlebt ein Wiederaufleben in den Ländern des Nahen
   und Mittleren Ostens.
Johannes Paulus II. (der Zweite) ist der erste polnische Papst.
aus der Kirche *aus/treten (a, e, i)

+++ p. 106 (la mort), p. **190** (les peines), p. **254** (sculpture et architecture)

der, das Pogrom (e)	le pogrome
der Islam	l'islam
der Koran	le Coran
die Moschee (n)	la mosquée
der Mohammedaner (-), der Moslem (s)	le musulman
der Schiite (en, en)	le chiite
der Buddhismus	le bouddhisme
das Bekenntnis (se)	la confession [croyance]

l'Ordre des chevaliers teutoniques
Dieu merci! Mon dieu!
La doctrine chrétienne est fondée sur la Bible.
Martin Luther a traduit la Bible en allemand.
Luther a été mis au ban de l'empire.
Les princes régnants ont pris la direction politique de la Réforme.
La souveraineté religieuse leur a été confiée.
s'opposer à l'ingérence du pape
se ranger aux côtés du pape
Henri IV s'est converti au catholiscisme.
la totale séparation de l'Église et de l'État
L'Islam connaît un regain d'ampleur dans les pays du Proche
   et du Moyen-Orient.
Jean-Paul II est le premier pape polonais.
quitter l'église

Blütezeit und Niedergang der Staaten

das (Staats)gebiet (e)	le territoire (national)
der Staat (en)	l'État
der Nationalstaat (en)	l'État national
selbständig	autonome
(un)abhängig	(in)dépendant
schwach	faible
die Schwäche (n)	la faiblesse
stark	fort
die Stärke	la force
die Macht ("e)	la puissance
machtvoll	puissant
machtlos	impuissant
die Blütezeit	l'apogée
der Bundesgenosse (n, n)	l'allié
etw. (A) vereinigen	unir, unifier qch.
die Vereinigung	l'unification
jn. unterwerfen (a, o, i)	soumettre qn.
die Unterwerfung (en)	la soumission
jn. unterdrücken	opprimer qn.
die Unterdrückung (en)	l'oppression
jn. ein/deutschen	germaniser qn.
die Eindeutschung	la germanisation
etw. (A) belagern	assiéger, faire le siège de qch.
die Belagerung (en)	le siège
etw. (A) besitzen (besaß, besessen)	posséder qch.
die Besitzung (en)	la possession [territoriale], les terres
die Einverleibung (en)	l'annexion

der Untergang, der Zerfall des römischen Reiches
Karl V. (der Fünfte), Friedrich II. (der Zweite) von Preußen
die höchste Stufe seiner Macht erreichen
die Macht an sich (A) reißen (i, i)
jm. die Macht entreißen (i, i)
seine Macht erweitern
sich (A) gegen die Fürsten behaupten
der Kampf der beiden Fürstenhäuser um die Macht
die kaiserliche Hoheit an/erkennen (a, a)
einen eigenen Staat bilden
die Belagerung Wiens durch die Türken

Apogée et décadence des États

etw. (A) ab/treten (a, e, i)	céder qch. [droit, territoire]
die Abtretung (en)	la cession, l'abandon
*unter/gehen (i, a)	décliner, sombrer
der Untergang	le déclin, la chute, la décadence
*zerfallen (ie, a, ä)	tomber en décadence, se désintégrer
der Zerfall	la décadence, la désintégration
der Aufstand (¨e)	le soulèvement
die Unruhen	les troubles
etw. (A) nieder/schlagen (u, a, ä)	réprimer qch.
die Revolution (en)	la révolution
der Revolutionär (e)	le révolutionnaire
die Französische Revolution	la Révolution française
die Republik aus/rufen (ie, u)	proclamer la république
die Napoleonischen Kriege	les guerres napoléoniennes
der Wiener Kongreß	le Congrès de Vienne
die Oktoberrevolution	la révolution d'octobre [1917]
der Bolschewik (en, en *ou* i)	le bolchévique
die Kolonie (n)	la colonie
das Kolonialreich (e)	l'empire colonial
die Entkolonialisierung, die Dekolonisation	la décolonisation
etw. (A) entkolonisieren	décoloniser qch.
das Überseegebiet (e)	le territoire d'outre-mer (TOM)
das Überseedepartement (s)	le département d'outre-mer (DOM)
der Neokolonialismus	le néocolonialisme
der Neutralismus	le neutralisme
zersplittert *sein (in + A)	être morcelé (en)

le déclin, la chute de l'Empire romain
Charles-Quint, Frédéric II de Prusse
atteindre le faîte de sa puissance, être au faîte de sa puissance
se saisir du pouvoir
ravir le pouvoir à qn.
étendre sa puissance
s'imposer face aux princes
la lutte des deux maisons princières pour le pouvoir
reconnaître la souveraineté impériale
former un État propre
le siège de Vienne par les Turcs

Die Gebiete der Fürsten wurden zu selbständigen Staaten
Lothringen ist an (A) das deutsche Reich gefallen.
Burgund wurde dem französischen Machtbereich überlassen.
Unter Ludwig XIV. (dem Vierzehnten) war Frankreich Europas stärkste Macht.
sich (D) das ganze Elsaß an/eignen
Das deutsche Reich mußte das linke Rheinufer an Frankreich (A) ab/treten.
Preußen war zur europäischen Großmacht *emporgestiegen.
der preußisch-österreichische Gegensatz (¨e)
Napoleon III. (der Dritte) baute das französische Kolonialreich aus.
ein Land an den Rand des Abgrunds bringen (a, a)
Eine Revolution *bricht (a, o, i) aus, findet (a, u) statt.
den zweihundertsten Jahrestag eines Ereignisses feiern, begehen (i, a)

+++ p. **108** (l'État), p. **148** (les armes), p.**156** (les conflits)

Les domaines des princes devinrent des États autonomes.
La Lorraine est revenue à l'Empire allemand.
La Bourgogne fut livrée à la domination française.
Sous Louis XIV, la France était la puissance dominante en Europe.
s'approprier toute l'Alsace
L'Empire allemand dut céder la rive gauche du Rhin à la France.
La Prusse était devenue une grande puissance européenne.
l'opposition prusso-autrichienne
Napoléon III a développé l'empire colonial français.
mener un pays au bord de la ruine, du gouffre
Une révolution éclate, a lieu.
fêter, commémorer le bicentenaire d'un événement

Deutschland von 1870 bis 1945

der Deutsch-Französische Krieg	la guerre franco-allemande [1870-71]
das Deutsche Reich	l'empire allemand, le Reich
etw. (A) gründen	fonder qch.
die Reichsgründung	la fondation du Reich
der Reichskanzler (-)	le chancelier du Reich
der Reichspräsident (en, en)	le président du Reich
der Erste Weltkrieg	la Première Guerre mondiale
die Dolchstoßlegende	la légende du coup de poignard dans le dos
der Versailler Vertrag	le traité de Versailles [28-6-1919]
die Weimarer Republik	la république de Weimar [1919-1933]
die Reparationen	les réparations
die Ruhrbesetzung	l'occupation de la Ruhr [1921]
der Völkerbund	la Société des Nations [1920-1946]
die Weltwirtschaftskrise (n)	la crise économique mondiale
der Nationalsozialismus	le national-socialisme
der Nationalsozialist (en, en)	le national-socialiste
der Nazi (s)	le nazi
nazistisch	nazi
die NS-Zeit	la période nazie
*auf/steigen (ie, ie)	monter
der Aufstieg (e)	la montée, l'ascension
die Machtergreifung (en)	la prise du pouvoir
die Macht ergreifen (iff, iff)	prendre le pouvoir
der Reichtagsbrand	l'incendie du Reichstag [27-2-1933]
das Dritte Reich	le troisième Reich [1933-1945]
die Gleichschaltung	la *mise au pas*

König Wilhelm I. wurde in Versailles zum deutschen Kaiser ausgerufen.
Das Reich gewann Elsaß-Lothringen zurück.
Frankreich konnte sich (A) mit diesem Verlust nicht ab/finden (a, u).
der Ausbruch des Ersten Weltkrieges
Der Versailler Vertrag raubte dem Reich große Gebietsteile.
Er bürdete der jungen deutschen Republik untragbare Reparationen auf.
Seine Nichteinhaltung belastete die deutsch-französischen Beziehungen.
Die Weltwirtschaftskrise wirkte sich in Deutschland besonders stark aus.

Deutschland ist 1926 dem Völkerbund beigetreten (a, e, i).

L'Allemagne de 1870 à 1945

die Wehrmacht	la « Wehrmacht » [1933-1945]
die Hitlerjugend [abr. : HJ]	la Jeunesse hitlérienne [1926-1945]
die Rassenlehre	la doctrine raciale
die arische Rasse	la race aryenne
der Arier (-)	l'aryen
der Lebensraum	l'« espace vital »
die entartete Kunst	l'art dégénéré
der Antisemitismus	l'antisémitisme
der Antisemit (en, en)	l'antisémite
die Reichskristallnacht	la nuit de cristal [7-11-1938]
das Konzentrationslager (-), das KZ (s)	le camp de concentration
jn. vernichten	exterminer qn.
das Vernichtungslager (-)	le camp d'extermination
der Völkermord (e)	le génocide
der KZ-Häftling (e)	le déporté
die Gaskammer (n)	la chambre à gaz
jn. vergasen	gazer qn.
das Münchner Abkommen [sg.]	les accords de Munich [29-9-1938]
der polnische Korridor	le couloir de Danzig
der Zweite Weltkrieg	la Seconde Guerre mondiale
die Kollaboration	la collaboration
der Kollaborateur (e)	le collaborateur
die Widerstandsbewegung (en)	la résistance
die Widerstandskämpfer (-)	le résistant
der Zusammenbruch (¨e)	l'effondrement, la débâcle
die bedingungslose Kapitulation	la capitulation sans conditions

Le roi Guillaume Ier a été proclamé empereur d'Allemagne à Versailles.
Le Reich reprit l'Alsace-Lorraine.
La France ne put s'accomoder de cette perte.
le déclenchement de la Première Guerre mondiale
Le traité de Versailles enlevait à l'Allemagne d'importants territoires.
Il imposait à la jeune république allemande des réparations insupportables.
Son non-respect greva les relations franco-allemandes.
Les répercussions de la crise économique mondiale ont été particulièrement sensibles en Allemagne.
L'Allemagne est entrée à la SDN en 1926.

Es ist im Jahre 1933 aus dem Völkerbund ausgetreten (a, e, i).
das Saarland (nach einer Volksabstimmung) ein/gliedern
Welches waren die Wegbereiter des Faschismus?
Am 30.1.1933 ernennt (a, a) Hindenburg Hitler zum Reichskanzler.
Der Reichtagsbrand löste eine Verhaftungswelle aus.
Die demokratischen Parteien wurden aufgelöst.
sich (A) der Gewalt (D) beugen
jn. zur Emigration zwingen (a, u)
in die Emigration *gehen (i, a), *emigrieren
die NSDAP (Nationalsozialistische Deutsche Arbeiterpartei)
die SS (die Schutzstaffel), der SS-Mann (¨er *ou* -Leute)
die SA (die Sturmabteilung), der SA-Mann (¨er *ou* -Leute)
die Gestapo (die geheime Staatspolizei)
der Nürnberger Parteitag
Die Nürnberger Gesetze verboten Heiraten zwischen «Juden» und «Ariern»
Hitler löste den Zweiten Weltkrieg durch den Angriff auf Polen aus.
Der von Hitler entfesselte Krieg endete mit einer totalen Niederlage.
Viele wollen von den KZs nichts gewußt haben.

+++ p. **112** (la vie démocratique), p. **156** (les conflits), p. **170** (minorités)

Elle a quitté la SDN en 1933.
rattacher, annexer la Sarre (après un référendum)
Quels étaient les précurseurs du fascisme?
Le 30-1-1933, Hindenburg nomme Hitler Chancelier.
L'incendie du Reichstag a déclenché une vague d'arrestations.
Les partis démocratiques furent dissous.
céder à la force (violence)
contraindre qn. à émigrer
prendre le chemin de l'émigration, émigrer
le NSDAP (parti ouvrier national-socialiste allemand)
la SS (la section de protection), le SS
la SA (la section d'assaut), le SA
la Gestapo (police secrète d'État)
le congrès de Nuremberg
Les lois de Nuremberg interdisaient les mariages entre «Juifs» et «Aryens»
Hitler a déclenché la Seconde Guerre mondiale en attaquant la Pologne.
La guerre déclenchée par Hitler se termina par une débâcle (défaite totale).
Beaucoup prétendent avoir tout ignoré des camps.

Deutschland nach 1945

die vier (Groß)mächte	les quatre (grandes) puissances
die Supermacht ("e)	le super-grand
die Jalta-Konferenz	la conférence de Yalta [fév. 1945]
die Potsdamer Konferenz	la conférence de Potsdam [été 45]
das Potsdamer Abkommen [sg.]	les accords de Potsdam [2-8-45]
die Nürnberger Prozesse [pl.]	les procès de Nuremberg [1945-49]
der Kriegsverbrecher (-)	le criminel de guerre
das Kriegsverbrechen (-)	le crime de guerre
die Entnazifizierung	la dénazification
jn. entnazifizieren	dénazifier qn.
die Demontage (n)	le démontage
etw. (A) demontieren	démonter qch.
die Besetzung	l'occupation
etw. (A) besetzen	occuper qch.
die Besatzungszone (n)	la zone d'occupation
der Sektor (-toren)	le secteur [Berlin]
die Besatzungsmacht ("e)	la puissance d'occupation
die Grenzen fest/legen	fixer, déterminer les frontières
die Demarkationslinie (n)	la ligne de démarcation
die Spaltung, die Teilung	la division
etw. (A) spalten (spaltete, gespalten), etw. (A) teilen	diviser qch.
Gesamtdeutschland	l'Allemagne dans son ensemble
gesamtdeutsch	panallemand [relatif à toute l'Allemagne]
die Einheit	l'unité
die Wiedervereinigung	la réunification
etw. (A) wieder/vereinigen	réunifier qch.
die Neutralisierung	la neutralisation
etw. (A) neutralisieren	neutraliser qch.

1945 war Deutschland in einen Trümmerhaufen verwandelt.
In den ersten Nachkriegsjahren herrschte Lebensmittelknappheit.
Die vier Siegermächte übernahmen die oberste Gewalt.
Deutschland hatte für Kriegsschäden Reparationen zu leisten.
Die ehemaligen deutschen Gebiete östlich (G) der Oder-Neiße-Linie wurden
  unter polnische beziehungsweise (bzw.) sowjetische Verwaltung gestellt.
Die Deutschen sind aus diesen Gebieten vertrieben worden.
Berlin kam unter Viermächteverwaltung.

L'Allemagne après 1945

der Neutralstaat (en)	l'État neutre
die Währungsreform (en)	la réforme monétaire [20-6-48]
der Wiederaufbau	la reconstruction
die Vertreibung (en)	l'expulsion
jn. vertreiben (ie, ie)	chasser qn., expulser qn.
der Heimatvertriebene [part. subst.]	la personne déplacée
die Berliner Blockade	le blocus de Berlin [juin 48 - mai 49]
die Transitstrecke (n)	la voie de transit
der Luftkorridor (e)	le couloir aérien
die Luftbrücke	le pont aérien [juin 48 - mai 49]
*scheitern	échouer
der Marshall-Plan	le plan Marshall [>1947]
die Montanunion	la CECA (CE charbon-acier)
der Gemeinsame Markt	le Marché commun
das Wirtschaftswunder	le miracle économique
der Eiserne Vorhang	le rideau de fer
die Mauer	le Mur [13-8-61]
die Grenzanlagen	les installations frontalières
das Minenfeld (er)	le champ de mines
der Stacheldraht	le fil de fer barbelé
die Selbstschußanlage (n)	le système de tir automatique
die Ostpolitik	l'«Ostpolitik»
die Entspannung	la détente
sich (A) entspannen	se détendre
das Viermächte-Abkommen	l'accord quadripartite [3-9-71]
der Grund(lagen)vertrag	le traité fondamental [21-12-72]
die Ausreisegenehmigung (en)	l'autorisation de «sortie»
*aus/reisen	quitter un pays, sortir
*ein/reisen	entrer dans un pays, entrer

En 1945, l'Allemagne était devenue un champ de ruines.
Dans les premières années d'après-guerre régna une pénurie de vivres.
Les quatre puissances victorieuses assumèrent l'autorité suprême.
L'Allemagne dut payer des réparations pour dommages de guerre.
Les anciens territoires allemands situés à l'est de la ligne Oder-Neisse furent respectivement placés sous administration polonaise et soviétique.
Les Allemands ont été expulsés de ces territoires.
Berlin fut placé sous administration quadripartite.

Berlin steht immer noch unter Viermächtestatus.
Deutschland wurde in vier Besatzungszonen geteilt (gespalten).
Die Bundesrepublik *entstand aus den drei westlichen Zonen.
Die Hälfte der Fläche des Reiches *entfiel auf die Bundesrepublik (A).
Sie erhielt amerikanische Wirtschaftshilfe über den Marshall-Plan.
Die DDR *entstand aus der sowjetischen Besatzungszone (SBZ).
Sie wurde in die westliche Allianz, in das sowjetische Bündnissystem einbezogen.
Elf Monate lang wurde Berlin (West) aus der Luft versorgt.
Der Bau der Mauer begann am 13. August 1961.
Dadurch wurde der Flüchtlingsstrom drastisch gebremst.
Gleichzeitig wurde der private Reiseverkehr unterbunden.
die Zugangsstraßen (A) nach Berlin behindern
Die Ostverträge wurden 1970 (im Jahre 1970) abgeschlossen.
aus der DDR in die Bundesrepublik *flüchten, *fliehen (o, o)
*ab/hauen (haute ab, abgehauen, er haut ab) [fam.]
den Schießbefehl auf Flüchtlinge (A) auf/heben (o, o), ein/stellen
Wäre es möglich, Deutschland mittels (G) freier Wahlen wiederzuvereinigen?
In den letzten Jahren sind Reiseerleichterungen erreicht worden.

Die Aussiedler werden in Behelfsunterkünften untergebracht.
die EWG (Europäische Wirtschaftsgemeinschaft)
die EG (Europäische Gemeinschaft)
die Zwölfer-Gemeinschaft
die deutsch-französische Annäherung (Freundschaft)

+++ p. **136** (politique allemande), p. **162** (la paix), p. **186** (la justice), p. **190** (les peines)

Berlin est toujours sous statut quadripartite.
L'Allemagne fut divisée en quatre zones d'occupation.
La République fédérale est née à partir des trois zones occidentales. [23-5-49]
La moitié de la superficie du Reich revint à la République fédérale.
Elle a reçu une aide économique américaine par le plan Marshall.
LA RDA est née à partir de la zone d'occupation soviétique. [7-10-49]
Elle fut intégrée dans l'alliance occidentale, dans le système d'alliance soviétique.
Pendant onze mois, Berlin (Ouest) fut ravitaillée par les airs. [juin 48 - mai 49]
La construction du Mur commença le 13 août 1961.
De cette façon, le flot de fugitifs (réfugiés) fut considérablement ralenti.
En même temps, les voyages privés furent entravés.
bloquer les voies d'accès à Berlin
Les «Ostverträge» [accords avec la Pologne et l'URSS] furent conclus en 1970.
fuir la RDA pour la République fédérale
partir, ficher le camp
retirer l'ordre de tirer sur les fugitifs
Serait-il possible de réunifier l'Allemagne au moyen d'élections libres?
Ces dernières années, on est parvenu à une amélioration des déplacements. [visites, voyages]
Les *rapatriés* (d'Europe de l'Est) sont hébergés dans des logements provisoires
la CEE (Communauté économique européenne)
la CEE (Communauté européenne)
la Communauté des douze
le rapprochement (l'amitié) franco-allemand(e)

Table des matières du tome I

page		
12	**1. Erde und Weltall**	**1. Terre et Univers**
12	Der Kosmos	Le cosmos
16	Die Eroberung des Weltraums	La conquête de l'espace
20	Die Länder der Erde	Les pays du monde
24	Physische Geographie	Géographie physique
28	Wetter und Klima	Temps et climats
32	Nord-Süd-Fragen	Problèmes Nord-Sud
36	**2. Die Natur**	**2. La nature**
36	Die Pflanzenwelt	La flore
40	Die Tierwelt	La faune
44	Naturkatastrophen	Catastrophes naturelles
46	**3. Der Mensch**	**3. L'homme**
46	Der menschliche Körper	Le corps humain
50	Die Sinnesorgane	Les sens
54	Die Organe	Les organes
56	Die Behinderungen	Les handicaps
58	Die Körperhygiene	L'hygiène corporelle
62	Die Ernährung	La diététique
66	Mahlzeiten und Nahrung	Repas et aliments
68	Die Küche	La cuisine
72	Die Bekleidung	L'habillement

page		
78	**4. Gesundheit und Krankheit**	**4. Santé et maladie**
78	Die ärztliche Behandlung	Les soins médicaux
82	Die Verletzungen	Les blessures
84	Die pharmazeutische Behandlung	Les soins pharmaceutiques
86	Die Symptome	Les symptômes
90	Die Krankheiten	Les maladies
94	Die fachärztliche Behandlung	Les soins spécialisés
98	Die Mutterschaft	La maternité
102	Die Drogensucht	La toxicomanie
106	Der Tod	La mort
110	**5. Die Zeit**	**5. Le temps**
110	Tag und Nacht	Le jour et la nuit
114	Zeit und Uhrzeit	Le temps et l'heure
118	Tage, Monate, Jahre	Jours, mois, années
122	Die Lebensalter	Les âges de la vie
126	Feste und Traditionen	Fêtes et traditions
130	**6. Die zwischenmenschlichen Beziehungen**	**6. Les relations humaines**
130	Die menschlichen Kontakte	Les contacts humains
134	Der soziale Umgang	Les relations sociales
138	Charakter und Verhalten	Caractère et comportement
144	Die Gefühle	Les sentiments
152	Das Leben zu zweit	La vie à deux
156	Die Familie	La famille
160	**7. Die Wohnverhältnisse**	**7. L'habitat**
160	Das Bauwesen	Le bâtiment
164	Eigenheim und Mietwohnung	Propriété et location
168	Die Wohnungseinrichtung	L'équipement de la maison
172	Haushaltsgeräte und Hausarbeit	Appareils et travaux ménagers
176	Der Garten	Le jardin

page		
180	**8. Das Bildungswesen**	**8. L'éducation**
180	Die Schule	L'école
184	Lehren und Lernen	Pédagogie et apprentissage
188	Die Arbeit in der Schule	Le travail scolaire
192	Auslese und Berufswahl	Sélection et orientation
196	Die Berufsausbildung	La formation professionnelle
200	Das Studium	Les études supérieures
204	Die Fortbildung	La formation continue
206	**9. Der Sport**	**9. Le sport**
206	Freizeit- und Leistungssport	Détente et compétition
210	Der Mannschaftssport	Les sports d'équipe
214	Wassersport und Wintersport	Sports nautiques et sports d'hiver
218	Leichtathletik und Hallensport	Athlétisme et sports en salle
222	Der Hochleistungssport	Le sport de haut niveau
226	**10. Freizeit und Reisen**	**10. Loisirs et voyages**
226	Die Freizeit	Les loisirs
230	Spiele, Bild und Ton	Jeux, images et son
234	Die Ferien	Les vacances
238	Reisen	Les voyages
242	**11. Das Verkehrswesen**	**11. Les transports**
242	Der Straßenverkehr	Le trafic routier
246	Das Auto	La voiture
250	Fahrzeuge und Pannen	Véhicules et pannes
254	Die Verkehrssicherheit	La sécurité routière
258	Der Schienenverkehr	Le trafic ferroviaire
262	Der Luftverkehr	Le trafic aérien
266	Die See- und Binnenschiffahrt	Le trafic maritime et fluvial

Cet ouvrage a été composé par M.C.P. (Fleury-les-Aubrais)

Impression et façonnage par

N° d'impression : 40243 FF - Dépôt légal : mars 1994

N° d'Édition : 5467.
Imprimé en France